本书严格按照《乡村“法律明白人”培养工作规范（试行）》的培训内容要求编写

（包括习近平法治思想、宪法、民法典、其他常用法律知识、党的涉农政策、法治实践能力、道德品格教育）

“法律明白人”培训教材（融媒体版）

【书 + 扫码答题 + 学法网校】

中国社会科学院法学研究所法治宣传教育与公法研究中心◎组织编写

总顾问：张苏军　　总主编：李　林　　本册主编：莫纪宏　刘桂明　章和功

中国出版集团
中国民主法制出版社
全国百佳图书出版单位

丛书编委会

前　言

2021 年 11 月，中央宣传部、司法部、民政部、农业农村部、国家乡村振兴局、全国普法办公室联合印发了《乡村“法律明白人”培养工作规范（试行）》。为配合各地推进“法律明白人”培养工作，中国民主法制出版社联合中国社会科学院法学研究所，组织国内从事法律教学、研究和实务的专家学者编写了《“法律明白人”培训教材》，作为“法律明白人”进行任前培训、上岗考核、日常普法和推进依法治理的学习用书。

本书以习近平法治思想为指导，以人民群众法治需求为导向，紧扣“法律明白人”培训要求，以宪法、民法典等与人民群众生产、工作、生活密切相关的法律政策知识为主要内容，辅以法治实践能力培养、道德品格教育，具有很强的实用性、指导性和可读性。全书内容丰富、形式简洁、语言通俗、易看易懂，线上线下结合，“问答 + 案例 + 扫码视听 / 答题 + 学法网校”的灵活、便捷学法模式，能够让“法律明白人”更好地理解、记忆知识点，学习分析问题的方法，并随时自测，进而提高法治素养和履职能力水平。

衷心希望本书的出版，能够在“八五”普法和“法律明白人”培养工作中发挥应有的作用，让“法律明白人”在尊法、学法、守法、用法中充分发挥示范引领作用，成为群众身边学法的良师益友、用法的参谋助手，在宣讲法律政策、收集社情民意、引导法律服务、化解矛盾纠纷、推进基层依法治理中贡献力量，更好地带动身边群众办事依法、遇事找法、解决问题用法、化解矛盾靠法，在自治、法治、德治中绘就法治乡村（社区）新画卷。

▶文件摘要

中央宣传部　司法部　民政部
农业农村部　国家乡村振兴局　全国普法办公室
关于印发《乡村“法律明白人”培养工作规范（试行）》的通知

各省、自治区、直辖市党委宣传部、司法厅（局）、民政厅（局）、农业农村（农牧）厅（局、委）、乡村振兴局、普法依法治理领导小组办公室，新疆生产建设兵团党委宣传部、司法局、民政局、农业农村局、乡村振兴局、普法依法治理领导小组办公室：

现将《乡村“法律明白人”培养工作规范（试行）》印发给你们，请结合实际抓好贯彻落实。

中央宣传部　司法部　民政部　农业农村部　国家乡村振兴局　全国普法办公室

2021 年 11 月 8 日

《乡村“法律明白人”培养工作规范（试行）》（摘要）

九、“法律明白人”的培训

（一）培训内容

1. 法律政策知识

（1）习近平法治思想；

（2）宪法；

（3）民法典；

（4）乡村振兴、农村基本经营制度、疫情防控、生态文明、食品药品安全、安全生产、社会应急治理、未成年人保护、消费者权益保护、农药及种子安全与保护、野生动植物保护、防范非法集资、防范电信诈骗等常用法律法规；

（5）党的涉农政策。

2. 法治实践能力

重点培养法治宣传教育能力、社情民意信息收集能力、公共法律服务引导能力、矛盾纠纷调处能力。

3. 道德品格教育

重点加强社会主义核心价值观教育，开展家风家训学习，教育引导“法律明白人”讲道德、守规矩、重家风。

目 录

第一章 习近平法治思想

第二章 宪法知识

第三章 民法典知识

▶ 总 则

▶ 物 权

合　同

人格权

▶ **特定群体保护**

▶ **消费者权益保护**

第七章　道德品格教育

第一章 | 习近平法治思想

1. 习近平法治思想的核心要义是什么？

扫码学讲话

2020年11月召开的中央全面依法治国工作会议，第一次以党中央工作会议形式研究部署全面依法治国工作，确立了习近平法治思想在全面依法治国工作中的指导地位。习近平法治思想从历史和现实相贯通、国际和国内相关联、理论和实际相结合上，深刻回答了新时代为什么实行全面依法治国、怎样实行全面依法治国等一系列重大问题。其核心要义和理论精髓，集中体现为“十一个坚持”：

（1）坚持党对全面依法治国的领导；

（2）坚持以人民为中心；

（3）坚持中国特色社会主义法治道路；

（4）坚持依宪治国、依宪执政；

（5）坚持在法治轨道上推进国家治理体系和治理能力现代化；

（6）坚持建设中国特色社会主义法治体系；

（7）坚持依法治国、依法执政、依法行政共同推进，法治国家、法治政府、法治社会一体建设；

（8）坚持全面推进科学立法、严格执法、公正司法、全民守法；

（9）坚持统筹推进国内法治和涉外法治；

（10）坚持建设德才兼备的高素质法治工作队伍；

（11）坚持抓住领导干部这个“关键少数”。

2. 习近平法治思想的鲜明特色有哪些？

习近平法治思想是马克思主义法治理论中国化的最新成果，是中国特色社会主义法治理论的重大创新发展，是习近平新时代中国特色社会主义思想的重要组成部分，是新时代全面依法治国的根本遵循和行动指南。其内涵丰富、论述深刻、逻辑严密、系统完备，以科学的理论思维、深邃的历史眼光和宽广的世界视野，深化了对共产党依法执政规律、社会主义法治建设规律、人类法治文明发展规律的认识，开创了马克思主义法治思想中国化新境界，彰显出党全面领导的政治定力、以人民为中心的根本立场、奉法强国的坚定信念、求真务实的实践理性、统筹全局的系统观念、精准练达的辩证方法、尊法据理的法治思维、守正创新的理论品格等鲜明特色。

3. 如何理解坚持党的领导、人民当家作主、依法治国有机统一？

习近平总书记指出，“全面依法治国，核心是坚持党的领导、人民当家作主、依法治国有机统一”。党的领导、人民当家作主、依法治国，统一于我国社会主义民主政治伟大实践。把三者有机统一起来，是我国社会主义法治建设的一条基本经验。

坚持党的领导、人民当家作主、依法治国有机统一，最根本的是坚持党的领导。党的领导是人民当家作主和依法治国的根本保证。在我国政治生活中，党是居于领导地位的，加强党的集中统一领导，支持人大、政府、政协和监察委、法院、检察院依法依章程履行职能、开展工作、发挥作用，这两个方面是统一的。坚持党的领导，就是要支持人民当家作主，实施好依法治国这个党领导人民治理国家的基本方式。

人民当家作主是社会主义民主政治的本质和核心。坚持人民当家作主，充分调动人民积极性，始终是我们党立于不败之地的强大根基。没有民主就没有社会主义，就没有社会主义的现代化，就没有中华民族伟大复兴。要坚持国家一切权力属于人民的宪法理念，最广泛地动员和组织人民依照宪法和法律规定，通过各级人民代表大会行使国家权力，通过各种途径和形式管理国家和社会事务、管理经济和文化事业。

依法治国是党领导人民治理国家的基本方式。发展人民民主必须坚持依法治国、维护宪法法律权威，使民主制度化、法律化，使这种制度和法律不因领导人的改变而改变，不因领导人的看法和注意力的改变而改变。必须坚持把法治作为治国理政的基本方式，依照人民代表大会及其常委会制定的法律法规来展开和推进国家各项事业和工作，保证人民平等参与、平等发展的权利，维护社会公平正义，尊重和保障人权，实现国家各项工作法治化。

4. 为什么要建设法治社会?

法治社会是构筑法治国家的基础，法治社会建设是实现国家治理体系和治理能力现代化的重要组成部分。建设信仰法治、公平正义、保障权利、守法诚信、充满活力、和谐有序的社会主义法治社会，是增强人民群众获得感、幸福感、安全感的重要举措。党的十九大把法治社会基本建成确立为到 2035 年基本实现社会主义现代化的重要目标之一，意义重大，影响深远，任务艰巨。

5. 什么是全民守法?

法律的权威源自人民的内心拥护和真诚信仰。习近平总书记强调：“只有全体人民信仰法治、厉行法治，国家和社会生活才能真正实现在法治轨道上运行。”全面推进依法治国，必须坚持全民守法。

全民守法，就是任何组织或者个人都必须在宪法法律范围内活动，任何公民、社会组织和国家机关都要以宪法法律为行为准则，依照宪法法律行使权利或权力、履行义务或职责。任何人违反宪法法律都要受到追究，都不得有超越宪法法律的特权，绝不允许任何人以任何借口任何形式以言代法、以权压法、徇私枉法。全民守法是法治社会的基础工程。

6. 如何处理法治与德治的关系?

法安天下，德润人心。古往今来，法治和德治都是治国理政不可或缺的重要手段，都具有规范社会行为、调节社会关系、维护社会秩序的作用。

法律是准绳，任何时候都必须遵循；道德是基石，任何时候都不可忽视。法律是成文的道德，道德是内心的法律。法律有效实施有赖于道德支持，道德践行也离不开法律约束。法治和德治不可分离、不可偏废，既要重视发挥法律的规范作用，又要重视发挥道德的教化作用，实现法律和道德相辅相成、法治和德治相得益彰。

本章扫码答题

第二章 | 宪法知识

1. 宪法的地位和特征是怎样的？

宪法是国家的根本法，是党和人民意志的集中体现，是国家各种制度和法律法规的总依据，具有最高的法律地位、法律权威、法律效力，在国家和社会生活中具有总括性、原则性、纲领性、方向性。其特征主要体现为：

（1）宪法内容的根本性。宪法规定国家的根本政治、经济、文化制度，划定了国家生活和社会生活的总体运行规则。

（2）宪法效力的最高性。宪法是普通法律的立法基础，为普通法律提供立法依据和基本立法原则；宪法效力高于普通法律，普通法律不得与宪法相违背；宪法构成一切国家机关、社会团体、公民个人的最高行为准则，任何组织和个人不得有超越于宪法之上的特权。

（3）宪法制定和修改的程序最严格。与普通法律不同，宪法的修改，需要由全国人大常委会或者 1/5 以上的全国人民代表大会代表提议，并由全国人民代表大会以全体代表的 2/3 以上的多数通过。

2. 为什么国家宪法日设在 12 月 4 日？

我国现行宪法（“八二宪法”）是在 1982 年 12 月 4 日通过的。党的十八届四中全会提出将每年 12 月 4 日定为国家宪法日。2014 年 11 月 1 日，第十二届全国人大常委会第十一次会议通过《全国人民代表大会常务委员会关于设立国家宪法日的决定》，将 12 月 4 日设立为国家宪法日。国家通过多种形式开展宪法宣传教育活动。

国家宪法日的设立，有助于普及宪法观念，增强全社会宪法意识，树立宪法权威，弘扬宪法精神；有助于巩固和扩大宪法实施的社会基础和群众基础，加强宪法实施的良好氛围，全面推进依法治国；有助于进一步推动宪法文化的形成，在国际社会树立尊重宪法的良好形象。

3. 什么是宪法宣誓制度？

党的十八届四中全会提出建立宪法宣誓制度。2015 年 7 月 1 日，第十二届全国人大常委会通过了《全国人民代表大会常务委员会关于实行宪法宣誓制度的决定》，以国家立法形式确立了我国的宪法宣誓制度。2018 年宪法修正案规定：“国家工作人员就职时应当依照法律规定公开进行宪法宣誓。”宪法宣誓制度正式入宪。

宪法宣誓的誓词为：“我宣誓：忠于中华人民共和国宪法，维护宪法权威，履行法定职责，忠于祖国、忠于人民，恪尽职守、廉洁奉公，接受人民监督，为建设富强民主文明和谐美丽的社会主义现代化强国努力奋斗！”

4. 我国宪法的基本原则有哪些？

（1）党的领导原则。中国共产党是执政党，是国家的最高政治领导力量。中国共产党领导是中国特色社会主义最本质的特征，是中国特色社会主义制度的最大优势，是人民当家作主和依法治国的根本保证。

（2）人民主权原则。中华人民共和国的一切权力属于人民。人民行使国家权力的机关是全国人民代表大会和地方各级人民代表大会。人民依照法律规定，通过各种途径和形式，管理国家事务，管理经济和文化事业，管理社会事务。

（3）基本人权原则。宪法是公民权利的保障书。我国宪法专章规定了公民的基本权利，并于 2004 年修改时将“国家尊重和保障人权”写入宪法，为保护公民基本权利提供了规范基础。

（4）法治原则。1999 年宪法修正案增加“中华人民共和国实行依法治国，建设社会主义法治国家”的规定，确立了法治原则。2018 年宪法修正案将“健全社会主义法制”修改为“健全社会主义法治”，进一步确立了这一宪法基本原则。

（5）民主集中制原则。民主集中制是我国政治制度的核心机制。民主集中制原则既是我国国家机构的组织和活动原则，也是我国宪法的基本原则。

（6）权力制约与监督原则。我国宪法规定了人民对国家权力活动进行监督的制度、公民对国家机关及其工作人员的监督权，以及国家机关之间、国家机关内部不同的监督形式，以保障公民权利。

5. 我国的根本政治制度和基本政治制度是什么?

（1）根本政治制度。我国是工人阶级领导的、以工农联盟为基础的人民民主专政的社会主义国家。人民代表大会制度是我国人民民主专政政权的组织形式，是我国的根本政治制度，是我国人民当家作主的根本途径和最高实现形式，是中国共产党领导和执政的重要实现途径和制度载体。人民代表大会统一行使国家权力，实行民主集中制。

（2）基本政治制度。我国的基本政治制度为中国共产党领导的多党合作和政治协商制度、民族区域自治制度和基层群众自治制度。

6. 我国现阶段的基本经济制度和分配制度是什么?

我国要坚持社会主义道路，就必须坚持生产资料公有制的经济基础。宪法第 6 条确立了生产资料的社会主义公有制的主体地位，明确规定“中华人民共和国的社会主义经济制度的基础是生产资料的社会主义公有制”。

我国仍处于并将长期处于社会主义初级阶段，生产力水平低且发展不平衡。

因此，我国的社会主义性质和初级阶段基本国情决定了我国公有制经济为主体、多种所有制经济共同发展的基本经济制度。与基本经济制度相适应，我国实行按劳分配为主体、多种分配方式并存的分配制度。

7. 宪法对土地制度是如何规定的？

宪法确立了我国城市土地国家所有、农村和城市郊区土地集体所有的二元所有制。宪法第10条规定：“城市的土地属于国家所有。农村和城市郊区的土地，除由法律规定属于国家所有的以外，属于集体所有；宅基地和自留地、自留山，也属于集体所有。国家为了公共利益的需要，可以依照法律规定对土地实行征收或者征用并给予补偿。任何组织或者个人不得侵占、买卖或者以其他形式非法转让土地。土地的使用权可以依照法律的规定转让。一切使用土地的组织和个人必须合理地利用土地。”

8. 如何理解“公民在法律面前一律平等”？

平等是人类重要的价值追求，是社会主义的核心价值观之一，是社会主义法律的基本属性。平等权是我国公民的一项基本权利。宪法第33条规定“凡具有中华人民共和国国籍的人都是中华人民共和国公民”，表明平等主体的广泛性，进而规定“中华人民共和国公民在法律面前一律平等”，对法律意义上的平等加以明确。“公民在法律面前一律平等”，也就是人人平等，即所有公民不分民族、种族、性别、教育水平、文化程度都平等地享有法律权利，承担法律义务；所有公民都必须平等地遵守法律，服从法律；所有公民的违法犯罪行为都必须同等地承担应有的法律责任，任何人都不享有违法而不受追究的特权。

9. 参加人大代表选举需要什么条件？

人民行使国家权力的机关是各级人民代表大会，全国人民代表大会和地方各级人民代表大会都由民主选举产生。选举权和被选举权是公民基本的政治权利，是人民行使国家权力的基本形式，也是最能体现人民当家作主的一项权利。

根据宪法和选举法的规定，中华人民共和国年满18周岁的公民，不分民族、种族、性别、职业、家庭出身、宗教信仰、教育程度、财产状况、居住期限，都有选举权和被选举权；但是依照法律被剥夺政治权利的人除外。也就是说，在我国，公民只要符合以下三个条件就拥有选举权和被选举权：一是具有中华人民共和国国籍；二是年满18周岁；三是依法享有政治权利。如果未满18周岁，仍是未成年人，则没有选举权和被选举权，不能参加人大代表选举。

以案学法1

选举中送钱物拉票，会受到什么惩处?

【案情】村民孔某将2000元现金交给金某，让其做同村村民工作，二人以送钱物、打招呼等方式，让村民在镇人大代表选举中投票给孔某。经群众举报后，公安机关立案侦查。

【解析】“人大代表”这一神圣称号不容亵渎，更不能用金钱来左右。为保障选民和代表自由行使选举权和被选举权，选举法规定，对有下列行为之一，破坏选举，违反治安管理规定的，依法给予治安管理处罚；构成犯罪的，依法追究刑事责任：（1）以金钱或者其他财物贿赂选民或者代表，妨害选民和代表自由行使选举权和被选举权的；（2）以暴力、威胁、欺骗或者其他非法手段妨害选民和代表自由行使选举权和被选举权的；（3）伪造选举文件、虚报选举票数或者有其他违法行为的；（4）对于控告、检举选举中违法行为的人，或者对于提出要求罢免代表的人进行压制、报复的。对破坏选举的行为，根据事实、情节、后果、危害及行为人的主观恶性程度，区分罪与非罪的界限。情节严重的，以破坏选举罪论处；情节较轻的，作为一般违法行为，给予治安处罚。本案中，孔某、金某在选举中违规发放钱物拉票，是以贿赂方式妨害选民自由行使选举权的行为，公安机关对孔某、金某分别处以行政拘留7天的处罚。

10. 能强迫他人信仰宗教吗?

尊重和保护宗教信仰自由，是我们党和国家长期的基本政策，主要内容有：（1）我国公民有宗教信仰自由，任何国家机关、社会团体和个人不得强制公民信仰宗教或者不信仰宗教，不得歧视信仰宗教的公民和不信仰宗教的公民；（2）国家保护正常的宗教活动，任何人不得利用宗教进行破坏社会秩序、损害公民身体健康、妨碍国家教育制度的活动；（3）宗教团体和宗教事务不受外国势力的支配。因此，公民有信仰宗教的自由，也有不信仰宗教的自由，不能强迫。

11. 什么是公民的人身自由权?

人身自由，是指公民的人身不受非法侵犯的自由。广义上，人身自由权主要包含人身自由不受侵犯、人格尊严不受侵犯、住宅不受侵犯、通信自由和通信秘密。

其中，人身自由不受侵犯，是公民最起码、最基本的权利，是公民参加各种社会活动和享受其他权利的先决条件。宪法第 37 条规定：“中华人民共和国公民的人身自由不受侵犯。任何公民，非经人民检察院批准或者决定或者人民法院决定，并由公安机关执行，不受逮捕。禁止非法拘禁和以其他方法非法剥夺或者限制公民的人身自由，禁止非法搜查公民的身体。”

宪法第 38—40 条对公民人格尊严不受侵犯、住宅不受侵犯、通信自由和通信秘密进行了规定：“中华人民共和国公民的人格尊严不受侵犯。禁止用任何方法对公民进行侮辱、诽谤和诬告陷害。”“中华人民共和国公民的住宅不受侵犯。禁止非法搜查或者非法侵入公民的住宅。”“中华人民共和国公民的通信自由和通信秘密受法律的保护。除因国家安全或者追查刑事犯罪的需要，由公安机关或者检察机关依照法律规定的程序对通信进行检查外，任何组织或者个人不得以任何理由侵犯公民的通信自由和通信秘密。”

12. 公民有监督国家机关及其工作人员活动的权利吗?

监督权是宪法赋予公民监督国家机关及其工作人员的活动的权利，主要包括：（1）批评建议权：对于任何国家机关和国家工作人员，有提出批评和建议的权利；（2）申诉、控告、检举权：对于任何国家机关和国家工作人员的违法失职行为，有向有关国家机关提出申诉、控告或者检举的权利，但是不得捏造或者歪曲事实进行诬告陷害。

此外，由于国家机关和国家工作人员侵犯公民权利而受到损失的人，有依照法律规定取得赔偿的权利。

13. 公民的经济、社会和文化权利主要有哪些?

宪法是如何保护公民的私有财产的

公民享有广泛的经济、社会和文化权利，主要包括以下内容：

（1）财产权。公民的合法的私有财产不受侵犯。国家依照法律规定保护公民的私有财产权和继承权。

（2）劳动权和休息权。公民有劳动的权利和义务。国家通过各种途径，创造劳动就业条件，加强劳动保护，改善劳动条件，并在发展生产的基础上，提高劳动报酬和福利待遇。国家对就业前的公民进行必要的劳动就业训练。劳动者有休息的权利。国家发展劳动者休息和休养的设施，规定职工的工作时间和休假制度。

（3）物质帮助权。公民在年老、疾病或者丧失劳动能力的情况下，有从国家和社会获得物质帮助的权利。国家发展为公民享受这些权利所需要的社会保险、社会救济和医疗卫生事业。

（4）受教育权。公民有受教育的权利和义务。国家培养青年、少年、儿童在品德、智力、体质等方面全面发展。

（5）科学文化活动的自由。中华人民共和国公民有进行科学研究、文学艺术创作和其他文化活动的自由。国家对于从事教育、科学、技术、文学、艺术和其他文化事业的公民的有益于人民的创造性工作，给以鼓励和帮助。

14. 公民的基本义务有哪些？

（1）维护国家统一和各民族团结。宪法第 52 条规定：“中华人民共和国公民有维护国家统一和全国各民族团结的义务。”

（2）遵纪守法和尊重社会公德。宪法第 53 条规定：“中华人民共和国公民必须遵守宪法和法律，保守国家秘密，爱护公共财产，遵守劳动纪律，遵守公共秩序，尊重社会公德。”

（3）维护祖国的安全、荣誉和利益。宪法第 54 条规定：“中华人民共和国公民有维护祖国的安全、荣誉和利益的义务，不得有危害祖国的安全、荣誉和利益的行为。”

（4）保卫祖国，依法服兵役和参加民兵组织。宪法第 55 条规定：“保卫祖国、抵抗侵略是中华人民共和国每一个公民的神圣职责。依照法律服兵役和参加民兵组织是中华人民共和国公民的光荣义务。”

（5）依法纳税。宪法第 56 条规定：“中华人民共和国公民有依照法律纳税的义务。”

（6）其他义务。宪法规定的公民基本义务还包括：劳动的义务；受教育的义务；夫妻双方有实行计划生育的义务；父母有抚养教育未成年子女的义务，成年子女有赡养扶助父母的义务等。

以案学法 2

拒服兵役仅仅是被部队除名这么简单吗？

【案情】青年刘某在应征入伍后，因为不能适应部队生活，开始以多种借口拒服兵役。部队领导对他进行了多次说服教育，即使告知他拒服兵役的严重后果，他还是决定拒服兵役，并表示后果可以承担。最后部队对他作出了除名决定。

【解析】 依照法律服兵役是公民应尽的义务，对此我国宪法、国防法、兵役法均有明确规定。成为军人，就意味着肩负重要使命。应征入伍后，不可出现拒绝服兵役的情况，否则即违法，不仅会被部队除名，还将受到严厉的惩罚。不同地区对于拒服兵役的行为惩戒措施不完全一样，但基本都包括：经济处罚、户籍永久备注“拒服兵役”字样、不得录用为公务员和事业单位工作人员、限制办理升（复）学和出国（境）等相关手续、纳入履行国防义务严重失信主体名单、作为反面典型向社会通报等。本案中，刘某不适应部队生活就拒服兵役，违反了公民的基本义务，除了被部队除名，还受到相关一系列处罚，对个人产生重大影响。

15. 我国有哪些国家机构?

国家机构是国家为了实现其管理社会职能而建立起来的国家机关的总和。我国国家机构由权力机关、行政机关、军事机关、监察机关、司法机关组成，包括：全国人民代表大会、中华人民共和国主席、国务院、中央军事委员会、地方各级人民代表大会和地方各级人民政府、民族自治地方的自治机关、监察委员会、人民法院、人民检察院。

16. 我国的国家标志有哪些?

国家标志又称国家象征，是指一般由宪法和法律规定的，代表国家的主权、独立和尊严的象征和标志。中华人民共和国的国家标志主要包括国旗、国徽、国歌、首都和国庆日。

中华人民共和国的国旗是五星红旗。中华人民共和国的国徽，中间是五星照耀下的天安门，周围是谷穗和齿轮。中华人民共和国的国歌是《义勇军进行曲》。中华人民共和国的首都是北京。中华人民共和国的国庆日是每年 10 月 1 日。

以案学法 3

为了维权，可以篡改国歌吗？

【案情】帅某为维权擅自篡改国歌歌词、曲谱，录制演唱视频在某短视频平台发布，后被举报。

【解析】国歌不只是一段音乐，它是国家的象征和标志。国歌法规定：奏唱国歌，应当按照国歌法附件所载国歌的歌词和曲谱，不得采取有损国歌尊严的奏唱形式。奏唱国歌时，在场人员应当肃立，举止庄重，不得有不尊重国歌的行为。国歌不得用于或者变相用于商标、商业广告，不得在私人丧事活动等不适宜的场合使用，不得作为公共场所的背景音乐等。在公共场合，故意篡改国歌歌词、曲谱，以歪曲、贬损方式奏唱国歌，或者以其他方式侮辱国歌的，由公安机关处以警告或者 15 日以下拘留；构成犯罪的，依法追究刑事责任，最高可判 3 年有期徒刑。

所有公民和组织都应当尊重国歌，维护国歌尊严。本案中，帅某即使为了维权，也不能公然篡改国歌歌词、曲谱，录制演唱视频并传播，其行为有辱国歌尊严，违反了法律规定，最终被公安机关行政拘留 10 日。

本章扫码答题

第㊂章 | 民法典知识

总　则

1. 胎儿有资格继承遗产吗?

民事权利能力是民事主体参与民事法律关系，享有民事权利、承担民事义务的法律资格。自然人的民事权利能力一律始于出生、终于死亡。

胎儿尚未出生，并不是享有民事主体资格的自然人。民法典对胎儿利益进行了保护：涉及遗产继承、接受赠与等胎儿利益保护的，胎儿视为具有民事权利能力。但是，胎儿娩出时为死体的，其民事权利能力自始不存在。

遗产分割时，应当保留胎儿的继承份额。胎儿的财产权利待其娩出后，需要区分不同情况：（1）如果胎儿娩出时是活体，则该保留份额为该婴儿所有，可由其母亲代为保管；（2）如果胎儿出生后不久即死亡，则该保留份额为该婴儿所有，应由该死婴的法定继承人按法定继承处理；（3）如果胎儿娩出时即为死体，则其民事权利能力自始不存在，该保留的份额应按照法定继承办理。

2. 10 岁的“熊孩子”给主播打赏，父母能追回吗?

完全民事行为能力人可以独立实施民事法律行为。18 周岁以上的自然人为完全民事行为能力人；16 周岁以上的未成年人，以自己的劳动收入为主要生活来源的，视为完全民事行为能力人。

8周岁以上的未成年人为限制民事行为能力人，实施民事法律行为由其法定代理人代理或者经其法定代理人同意、追认；但是，可以独立实施纯获利益的民事法律行为或者与其年龄、智力相适应的民事法律行为。

8岁的孩子能做主吗

10岁的“熊孩子”作为限制民事行为能力人，在网络直播平台上通过充值、打赏等方式支出的款项如果与其年龄、智力不相适应，除非经法定代理人同意或者追认，否则可以请求网络服务提供者返还该款项。

3. 什么情况下监护人资格会被撤销?

监护人的职责是代理被监护人（无民事行为能力人和限制民事行为能力人）实施民事法律行为，保护被监护人的人身权利、财产权利以及其他合法权益等。监护人应当按照最有利于被监护人的原则履行监护职责。

监护人有下列情形之一的，人民法院根据有关个人或者组织的申请，撤销其监护人资格，安排必要的临时监护措施，并按照最有利于被监护人的原则依法指定监护人：（1）实施严重损害被监护人身心健康的行为；（2）怠于履行监护职责，或者无法履行监护职责并且拒绝将监护职责部分或者全部委托给他人，导致被监护人处于危困状态；（3）实施严重侵害被监护人合法权益的其他行为。

有关个人、组织包括：其他依法具有监护资格的人，居委会、村委会、学校、医疗机构、妇联、残联、未成年人保护组织、依法设立的老年人组织、民政部门等。

有关个人和民政部门以外的组织未及时向人民法院申请撤销监护人资格的，民政部门应当向人民法院申请。

4. 担心自己老年痴呆，可以提前指定监护人吗?

民法典新增了意定监护：具有完全民事行为能力的成年人，可以与其近亲属、其他愿意担任监护人的个人或者组织事先协商，以书面形式确定自己的监护人，在自己丧失或者部分丧失民事行为能力时，由该监护人履行监护职责。

意定监护是具有完全民事行为能力的成年人对自己将来的监护事务，按照自己的意愿事先所作的安排，独居老人、孤寡老人、心智障碍子女家长、失独家长、婚姻危机家庭、丁克人士、单身人士都可选择适用。意定监护权优于法定监护权。担心自己老年痴呆，可以按照上述规定提前指定监护人。

5. 居委会、村委会可以参与民事活动吗？

民法典创新法人制度，在营利法人与非营利法人外增设特别法人，规定：机关法人、农村集体经济组织法人、城镇农村的合作经济组织法人、基层群众性自治组织法人，为特别法人。居委会、村委会具有基层群众性自治组织法人资格，可以从事为履行职能所需要的民事活动。居委会、村委会成立之日即取得法人资格。

成为独立的法人后，居委会、村委会可以决定自己的民事活动，并承担相应的民事责任。但是，居委会、村委会的功能和作用是自我管理、自我服务、自我教育、自我监督，居委会、村委会法人要从事为履职所需的民事活动，不能从事经营性活动。

6. 游戏账号、装备等网络虚拟财产受法律保护吗？

随着互联网的发展，网络游戏日渐盛行。游戏账号、装备等在玩家的时间、精力、金钱投入下有了使用价值和交换价值，具有财产属性，是无形财产的一种。民事主体的财产权利受法律平等保护。根据民法典的规定，法律对数据、网络虚拟财产的保护有规定的，依照其规定。因此，游戏账号、装备等网络虚拟财产被侵犯时，也应受到法律的保护和救济。

7. 因见义勇为造成自己损害，怎么办？

见义勇为是社会生活中扶危济困、彰显社会正气的行为，是中华民族的传统美德。见义勇为者同违法犯罪行为作斗争或者以抢险、救灾、救人等方式保护国家、集体的利益和他人的人身、财产利益，复杂情形中可能发生误伤或者财产损失等情况。为了强化对见义勇为行为的鼓励和保护，民法典明确了见义勇为的责任承担、补偿和免责等问题，让见义勇为者能够毫无后顾之忧地实施见义勇为的行为。

因保护他人民事权益使自己受到损害的，由侵权人承担民事责任，受益人可以给予适当补偿。没有侵权人、侵权人逃逸或者无力承担民事责任，受害人请求补偿的，受益人应当给予适当补偿。

以案学法 4

紧急救助造成受助人损害，救助人要承担责任吗？

【案情】牛某酒后驾车逆行，与对面吴某驾驶的车辆相撞。撞车后，牛某发动车辆打算逃逸。一旁停车的出租车司机汪某目睹了全过程，在确认吴某伤势不重后，汪某驾驶出租车追赶牛某。这时，吴某也发动车辆准备追赶。正当汪某加速时，吴某的车辆突然蹿出，汪某来不及刹车，两车相撞，导致吴某额头受伤，车辆严重变形。后吴某报案，牛某被抓获。此外，吴某认为，汪某驾车将其撞伤，并撞坏其车辆，应赔偿其医疗费、车辆维修费共计 70962 元。汪某很委屈，认为自己是在做好事，不应该赔偿，并且自己因出租车受到损害而被公司罚款，自己的损失又该由谁来赔偿？

【解析】民法典规定，因自愿实施紧急救助行为造成受助人损害的，救助人不承担民事责任。汪某驾驶出租车追赶牛某是见义勇为行为，其主观上对撞上吴某不存在故意，因此，吴某要求汪某赔偿其医疗费和车辆维修费于法无据。而就出租车司机汪某的损失来说，是因保护他人民事权益所致，应由侵权人牛某承担民事责任，受益人吴某可以给予适当补偿。鉴于吴某受到的损失较大，基于公平原则，吴某可以少给予或不给予汪某补偿。

8. 借给同事的钱 4 年后还能要回来吗？

向人民法院请求保护民事权利的诉讼时效期间为 3 年。法律另有规定的，依照其规定。有下列情形之一的，诉讼时效中断，从中断、有关程序终结时起，诉讼时效期间重新计算：（1）权利人向义务人提出履行请求；（2）义务人同意履行义务；（3）权利人提起诉讼或者申请仲裁；（4）与提起诉讼或者申请仲裁具有同等效力的其他情形。

借给同事的钱 4 年后能不能要回来，要看借钱后的 3 年诉讼时效期间内，有没有上述引起诉讼时效中断的情形。如果有，诉讼时效期间重新计算后的 3 年内，同事仍未还款的，可以提起诉讼，要求还款。

总则 扫码答题

1. 小区一楼业主可以放弃使用电梯而不交电梯费吗？

业主对建筑物内的住宅、经营性用房等专有部分享有所有权。专有部分指的是自己的房子以及拥有产权的车位等；业主对专有部分以外的共有部分享有共有和共同管理的权利。业主对共有部分，享有权利，承担义务，不得以放弃权利为由不履行义务。

电梯属于业主的共有部分，业主即使放弃了使用电梯的权利，也不能拒绝承担维护电梯的义务。一楼业主平日不直接使用电梯，并不代表其不会因为电梯的正常使用而获益。比如，建筑物的维护需要用到电梯，一楼业主会受益；电梯内的广告收入归全体业主所有，一楼业主也会受益。

2. 小区的车位、车库归谁？

小区车位归谁所有

民法典对小区车位、车库的归属作了规定：（1）建筑区划内，规划用于停放汽车的车位、车库的归属，由当事人通过出售、附赠或者出租等方式约定；（2）占用业主共有的道路或者其他场地用于停放汽车的车位，属于业主共有；（3）建筑区划内，规划用于停放汽车的车位、车库应当首先满足业主的需要。

3. 小区投放广告谁说了算？

建设单位、物业服务企业或者其他管理人等利用业主的共有部分产生的收入，在扣除合理成本之后，属于业主共有。另外，民法典还规定，改变共有部分的用途或者利用共有部分从事经营活动由业主共同决定，应当经参与表决专有部分面积 3/4 以上的业主且参与表决人数 3/4 以上的业主同意。

因此，小区物业利用电梯、建筑外墙、共有道路等业主共有部分投放广告的行为不仅需要由业主共同决定，且该广告收入在扣除合理成本之后属于业主共有。

4. 如何使用公共维修资金？

建筑物及其附属设施的维修资金，属于业主共有。经业主共同决定，可以用于电梯、屋顶、外墙、无障碍设施等共有部分的维修、更新和改造。

使用建筑物及其附属设施的维修资金，属于业主共同决定事项，应当由专有部分面积占比 2/3 以上的业主且人数占比 2/3 以上的业主参与表决。民法典降低了使用公共维修资金的表决门槛，符合两个条件即可：一是参与表决专有部分面积过半数的业主同意；二是参与表决人数过半数的业主同意。

此外，紧急情况下需要维修建筑物及其附属设施的，业主大会或者业主委员会可以依法申请使用建筑物及其附属设施的维修资金。

5. “住改商”需要满足哪些条件?

业主将住宅用途的房屋改为商业用房或办公用房等，会在一定程度上影响小区居住环境，给其他业主造成生活质量或房屋价值下降等诸多不利影响，极易引发社会矛盾和社会纠纷。民法典第 279 条强调了“住改商”的条件，规定：业主不得违反法律、法规以及管理规约，将住宅改变为经营性用房。业主将住宅改变为经营性用房的，除遵守法律、法规以及管理规约外，应当经有利害关系的业主一致同意。

以案学法 5

住宅变餐厅，邻居管不管得着?

【案情】潘先生将其位于某小区一楼的住房改成餐厅。餐厅经常营业到深夜，噪音很大，炒菜时油烟扩散到整栋楼，下水管也经常堵塞。对此，邻居们意见很大，经常到物业投诉，甚至有人告诉潘先生若不及时拆除就要向法院起诉他。潘先生却认为自家住房的用途改变与旁人无关。

【解析】业主不得违反法律、法规以及管理规约，将住宅改变为经营性用房。本案中，潘先生不应擅自改变房屋的使用功能，即使要改变也应遵守相关法律规定，征得有利害关系的其他业主同意，且不能够影响其他业主的合法权益及公共利益。潘先生用一楼住房经营餐厅，经常释放噪音、堵塞下水管等，损害了他人的合法权益，业主大会或者业主委员会有权要求潘先生停止侵害、消除危险、排除妨害和赔偿损失。业主对侵害自己合法权益的行为，可以依法向人民法院提起诉讼。

6. 不动产权属证书与不动产登记簿不一致，以哪个为准？

不动产登记簿是物权归属和内容的根据。不动产登记簿由登记机构管理。不动产权属证书是权利人享有该不动产物权的证明。不动产权属证书记载的事项，应当与不动产登记簿一致；记载不一致的，除有证据证明不动产登记簿确有错误外，以不动产登记簿为准。

实践中，在购买房屋等不动产时，应在买卖合同签署前凭申请材料主动到不动产登记机构或通过当地开通的网上查询途径进行登记簿记载信息查询，尤其要重点关注不动产是否存在共有情形，是否存在抵押权登记、预告登记或者异议登记情形，是否存在查封登记或者其他限制处分的情形等。如果不动产登记簿查询结果与出卖人提供的不动产权属证书不一致，应根据查询结果针对性地设计合同条款，保证实现自身合同目的，维护合法权益。

7. 如何处理相邻关系？

相邻关系，是指依据法律规定，两个或两个以上相互毗邻的不动产的所有人或使用人，在行使不动产的所有权或使用权时，因用水、排水、通行、通风、采光、日照等而相互间给予便利和接受限制所发生的权利义务关系。

不动产的相邻权利人应当按照有利生产、方便生活、团结互助、公平合理的原则，正确处理相邻关系。法律、法规对处理相邻关系有规定的，依照其规定；法律、法规没有规定的，可以按照当地习惯。

以案学法 6

不让邻居从自家门前经过，合法吗？

【案情】村民刘某和钱某的宅基地紧挨着，两人都在宅地基上建了房子。

因钱某家另一边是深沟，所以一家人一直从刘某家宅基地上预留的道路通行。后来，两家人闹翻，刘某以家门前的道路是自己的为由，不让钱某一家通行，并筑起了围墙。因出行困难，钱某多次找刘某协商，均未果。

【解析】民法典规定，不动产权利人对相邻权利人因通行等必须利用其土地的，应当提供必要的便利。本案中，钱某家另一边是深沟，必须利用刘某宅基地上的道路才能正常出入，刘某筑起围墙，阻止钱某一家通行，不仅违反了民法典的相关规定，也与乡村风俗习惯相违背。刘某应当拆掉围墙，允许钱某一家从自己门前的道路通行。

需要注意的是，相邻关系中通行权的行使有“必须利用”的前提，必须是穷尽了所有方法后，才能提出利用不动产权利人土地的要求。

8. 住宅建设用地使用权到期了怎么办?

建设用地使用权人依法对国家所有的土地享有占有、使用和收益的权利，有权利用该土地建造建筑物、构筑物及其附属设施。住宅建设用地使用权到期后续期的法律安排，一直都是全社会关注的热点。为使有恒产者有恒心，民法典规定，住宅建设用地使用权期限届满的，自动续期。续期费用的缴纳或者减免，依照法律、行政法规的规定办理。

9. 什么是居住权?

民法典首次规定居住权制度，将居住权作为一种新型的用益物权。为进一步合理构建住房保障制度、满足人民稳定生活居住的需求提供了制度便利。

居住权是指居住权人对他人所有住宅的全部或者部分及其附属设施，享有占有、使用的权利。居住权可以通过合同或者遗嘱的方式设立，原则上无偿设立。设立居住权，应当向登记机构申请居住权登记。居住权自登记时设立。居住权不得转让、继承。除另有约定外，也不得出租。居住权期限届满或者居住权人死亡的，居住权消灭，应当及时办理注销登记。

以案学法 7

未进行登记是否享有居住权？

【案情】2021 年，王某与李某结婚。婚后二人购买了一套房产，房产登记的权利人为妻子李某。同年，二人因感情不和协议离婚。李某签署承诺书，承诺王某对这套房屋享有永久居住权，并到公证处进行了公证。之后，王某便与李某共同生活在该房屋内。次年，双方经常因琐事发生矛盾。随着冲突次数的增加，李某要求王某搬离房屋。协商无果后，王某诉至法院，要求判令其对该房屋享有永久居住权。

【解析】民法典规定，居住权人有权按照合同约定，对他人的住宅享有占有、使用的用益物权，以满足生活居住的需要。设立居住权的，应当向登记机构申请居住权登记。居住权自登记时设立。本案中，虽然王某与李某签署的承诺书中载明给予王某居住权，但是居住权以登记为成立要件，而二人并未向登记机构申请居住权登记，故居住权不成立。最终法院驳回了王某的诉讼请求。

10. 哪些财产不得抵押？

下列财产不得抵押：（1）土地所有权；（2）宅基地、自留地、自留山等集体所有土地的使用权，但是法律规定可以抵押的除外；（3）学校、幼儿园、医疗机构等为公益目的成立的非营利法人的教育设施、医疗卫生设施和其他公益设施；（4）所有权、使用权不明或者有争议的财产；（5）依法被查封、扣押、监管的财产；（6）法律、行政法规规定不得抵押的其他财产。

11. 留置权的实现方式有哪些？

债务人不履行到期债务，债权人可以留置已经合法占有的债务人的动产，并有权就该动产优先受偿。留置权人与债务人应当约定留置财产后的债务履行期限；没有约定或者约定不明确的，留置权人应当给债务人60日以上履行债务的期限，但是鲜活易腐等不易保管的动产除外。债务人逾期未履行的，留置权人可以与债务人协议以留置财产折价，也可以就拍卖、变卖留置财产所得的价款优先受偿。留置财产折价或者变卖的，应当参照市场价格。

物权 扫码答题

1. 电子合同是书面合同吗？

当事人订立合同，可以采用书面形式、口头形式或者其他形式。书面形式是合同书、信件、电报、电传、传真等可以有形地表现所载内容的形式。

电子合同是书面合同的一种形式。民法典确认了电子合同作为书面合同的法律地位，即“以电子数据交换、电子邮件等方式能够有形地表现所载内容，并可以随时调取查用的数据电文”，视为书面形式。

电子合同怎么签才有效

以案学法 8

网购合同什么时候成立？

【案情】李某在某网购平台看中某商家发布的商品，并下单购买。下单后，李某反悔不想买了，而商家已按订单将商品寄出。李某认为双方没有签订书面合同或确认书，双方之间的合同并未成立。

【解析】民法典规定，当事人一方通过互联网等信息网络发布的商品或者服务信息符合要约条件的，对方选择该商品或者服务并提交订单成功时合同成立，但是当事人另有约定的除外。由此可见，只要一方当事人在网上发布的商品或服务信息符合要约条件，另一方选择该商品或者服务并提交订单成功时，合同即成立，除非双方另有约定。

本案中，因李某已提交订单，而双方也无另外约定，故买卖合同于李某提交订单成功时已成立，商家发货系依约履行合同。如果李某收货后仍不想要，所购买的商品符合法律关于7天无理由退货的规定，则其在收到商品之日起7日内可以退货，且不需要说明理由。

2. 合同订立中，提供格式条款的一方有哪些义务？

格式条款是当事人为了重复使用而预先拟定，并在订立合同时未与对方协商的条款。采用格式条款订立合同的，提供格式条款的一方应当遵循公平原则确定当事人之间的权利和义务，并采取合理的方式提示对方注意免除或者减轻其责任等与对方有重大利害关系的条款，按照对方的要求，对该条款予以说明。

提供格式条款的一方未履行提示或者说明义务，致使对方没有注意或者理解与其有重大利害关系的条款的，对方可以主张该条款不成为合同的内容。

以案学法 9

什么情况下合同一方提供的格式条款无效?

【案情】刘某在某网下载文献时，网页提示需付费7元，刘某点击"购买"按钮后，弹出充值页面，刘某随后进入充值中心。充值中心提供了几种不同的充值方式，但对个人用户均设置了50元的最低充值限额。为下载文献，刘某只好充值50元。之后，刘某就账户余额退还问题与客服沟通，但客服以退款需要手续费，程序复杂、周期长为由，未给刘某办理退款。

【解析】有下列情形之一的，格式条款无效：(1) 具有民法典总则编“民事法律行为的效力”和民法典第 506 条规定的无效情形；(2) 提供格式条款一方不合理地免除或者减轻其责任、加重对方责任、限制对方主要权利；(3) 提供格式条款一方排除对方主要权利。民法典第 506 条规定，合同中的下列免责条款无效：(1) 造成对方人身损害的；(2) 因故意或者重大过失造成对方财产损失的。

消费者享有自主选择商品或者服务的权利，有权自主选择商品品种或者服务方式，自主决定购买或者不购买任何一种商品。经营者不得以格式条款、通知、声明、店堂告示等方式，作出排除或者限制消费者权利、减轻或免除经营者责任、加重消费者责任等对消费者不公平、不合理的规定，不得利用格式条款并借助技术手段强制交易。格式条款、通知、声明、店堂告示等含有上述内容的，其内容无效。

本案中，某网关于最低充值额限制和退还账户余额收取手续费的规定，占用了消费者的多余资金，增加了消费者的负担，该格式条款侵犯了消费者的自主选择权，限制了消费者的权利，是对消费者不公平、不合理的规定，应认定无效。

3. 发布悬赏广告，悬赏人领取遗失物后不支付报酬怎么办？

悬赏广告是悬赏人以不特定的多数人为对象发出的要约，只要行为人完成指定的行为即构成承诺，双方成立合同。民法典规定，权利人悬赏寻找遗失物的，领取遗失物时应当按照承诺履行义务。悬赏人以公开方式声明对完成特定行为的人支付报酬的，完成该行为的人可以请求其支付。完成悬赏行为的人享有报酬请求权，悬赏人负有按照悬赏广告的约定支付报酬的义务。悬赏人不履行或不适当履行支付报酬义务的，构成违约，应当承担违约责任。

现实生活中，如果失主张贴的寻物启事没有承诺支付报酬，仅写有“若有好心人捡到，请联系我归还”此类内容时，拾得遗失物并归还者不能要求支付报酬，但可以要求失主支付其管理遗失物所支出的必要费用。

4. 合同成立后发生情势变更，怎么办？

合同成立后，合同的基础条件发生了当事人在订立合同时无法预见的、不属于商业风险的重大变化，继续履行合同对于当事人一方明显不公平的，受不利影响的当事人可以与对方重新协商；在合理期限内协商不成的，当事人可以请求人民法院或者仲裁机构变更或者解除合同。人民法院或者仲裁机构应当结合案件的实际情况，根据公平原则变更或者解除合同。

值得注意的是，不可抗力与情势变更并不冲突与排斥，不可抗力也可能构成情势变更的诱因。

5. 债权可以转让吗？

债权人可以将债权的全部或者部分转让给第三人，但是有下列情形之一的除外：（1）根据债权性质不得转让，如基于人身关系所产生的抚养费、赡养费的追索，这种债权就不可以转让；（2）按照当事人约定不得转让；（3）依照法律规定不得转让。当事人约定非金钱债权不得转让的，不得对抗善意第三人。当事人约定金钱债权不得转让的，不得对抗第三人。

签订债权转让协议时应注意：债权人转让债权的，需要通知债务人。如果没有通知债务人，该转让对债务人不发生法律效力。

6. 哪些情况下，可以解除合同？

当事人协商一致，可以解除合同。如果当事人约定了解除合同的事由，该解除合同的事由发生时，解除权人可以解除合同。

此外，有下列情形之一的，当事人可以解除合同：（1）因不可抗力致使不能实现合同目的；（2）在履行期限届满前，当事人一方明确表示或者以自己的行为表明不履行主要债务；（3）当事人一方迟延履行主要债务，经催告后在合理期限内仍未履行；（4）当事人一方迟延履行债务或者有其他违约行为致使不能实现合同目的；（5）法律规定的其他情形。以持续履行的债务为内容的不定期合同，当事人可以随时解除合同，但是应当在合理期限之前通知对方。

当事人一方依法主张解除合同的，应当通知对方。

以案学法 10

租赁合同因房屋拆迁而解除，房东要承担违约责任吗?

【案情】2020 年，许某与于某签订了房屋租赁合同，许某将房屋租给于某，租期为 5 年。2021 年 5 月，因修路需要，该房屋被拆迁，许某解除了二人的租赁合同。于某认为许某违约，要求其承担违约责任。

【解析】不可抗力是指不能预见、不能避免且不能克服的客观情况。政府征收具有强制性、公共利益性，相对于民事主体来说，属于不可抗力。根据民法典的规定，当事人一方因不可抗力不能履行合同的，根据不可抗力的影响，部分或者全部免除责任，但是法律另有规定的除外。

本案中，政府征收行为导致许某与于某签订的房屋租赁合同无法继续履行，符合民法典上规定的因不可抗力致使不能实现合同目的解除合同的情形，许某解除合同符合法律规定，不需要承担违约责任。但是，许某因不可抗力不能履行租赁合同，应当及时通知于某，以减轻可能给于某造成的损失，并应当在合理期限内提供证明。

7. 承诺向灾区捐赠，可以撤销吗?

赠与合同是赠与人将自己的财产无偿给予受赠人，受赠人表示接受赠与的合同，合同自受赠人表示接受赠与时生效。除经过公证的赠与以及具有救灾、扶贫、助残等公益、道德义务性质的赠与，赠与人在赠与财产的权利转移之前可以撤销赠与。

向灾区捐赠属于具有公益性质的赠与，承诺后不能随意撤销，赠与人不交付赠与的财产的，受赠人可以要求交付。但是，赠与人的经济状况显著恶化，严重影响其生产经营或者家庭生活的，可以不再履行赠与义务。

8. 民间借贷约定年利率 24%，有效吗？

继非法放贷正式入刑后，禁放高利贷被首次写入法律。民法典对借款利率作了概括性、原则性规定：禁止高利放贷，借款的利率不得违反国家有关规定。借款合同对支付利息没有约定的，视为没有利息。借款合同对支付利息约定不明确，当事人不能达成补充协议的，按照当地或者当事人的交易方式、交易习惯、市场利率等因素确定利息；自然人之间借款的，视为没有利息。

此外，《最高人民法院关于审理民间借贷案件适用法律若干问题的规定》明确以中国人民银行授权全国银行间同业拆借中心每月 20 日发布的 1 年期贷款市场报价利率（LPR）的 4 倍为标准确定民间借贷利率的司法保护上限。民间借贷双方约定的年利率超过合同成立时 1 年期 LPR 的 4 倍，即为高利贷。以 2022 年 8 月 22 日发布的 1 年期 LPR（3.65%）的 4 倍计算为例，同期民间借贷利率的司法保护上限为 14.6%。如果此时约定的民间借贷年利率为 24%，则超过了 14.6% 的司法保护上限，超过部分无效，法律不予保护。

9. 没有保证条款的情况下在借条的保证人处签字，承担什么责任？

保证合同可以是单独订立的书面合同，也可以是主债权债务合同中的保证条款。根据相关解释精神，主合同没有保证条款的，保证人在主合同签字栏处以保证人身份的签字或者盖章，可以解释为“保证条款”。因此，没有保证条款的情况下，如果在借条的保证人处签字，构成第三人单方以书面形式向债权人作出保证。

根据民法典的规定，当事人在保证合同中可以将保证方式约定为一般保证或连带责任保证。对保证方式没有约定或者约定不明确的，按照一般保证承担保证责任。因此，没有保证条款的情况下在借条的保证人处签字，虽然成立保证合同，但由于对保证方式没有约定，故应按照一般保证承担保证责任，即只有在债务人不能履行债务时，保证人才需要承担保证责任。

一般保证的保证人在主合同纠纷未经审判或者仲裁，并就债务人财产依法强制执行仍不能履行债务前，有权拒绝向债权人承担保证责任，但是有下列情形之一的除外：（1）债务人下落不明，且无财产可供执行；（2）人民法院已经受理债务人破产案件；（3）债权人有证据证明债务人的财产不足以履行全部债务或者丧失履行债务能力；（4）保证人书面表示放弃该权利。

10. 房子快到期想续租，房东能租给他人吗?

为了保障人民群众的居住安定，民法典赋予承租人享有在租赁期限届满后以同等条件优先承租的权利，首次在立法中规定了房屋承租人享有优先承租权。法定优先承租权的行使包括以下几个要件：（1）存在合法有效的租赁关系；（2）出租人继续出租房屋；（3）满足同等条件；（4）在合理期限内主张。

房子快到期想续租，在同等条件下，房东不能将房子租给他人。

11. 高铁上“霸座”会有什么后果?

承运人向旅客发放的纸质客票或电子客票本质上均是其与旅客签订的运输合同。民法典规定，旅客应当按照有效客票记载的时间、班次和座位号乘坐。“霸座”不仅是不道德的行为，更是违约行为。无论是侵占了他人的座位，还是无票乘坐、越级别乘坐等行为，都会损害其他旅客或者承运人的合法权益。

旅客无票乘坐、超程乘坐、越级乘坐或者持不符合减价条件的优惠客票乘坐的，应当补交票款，承运人可以按照规定加收票款；旅客不支付票款的，承运人可以拒绝运输。如果坚持“霸座”，情节严重，构成“扰乱公共交通工具上的秩序”的违反治安管理行为，不仅要承担民事责任，还会被处以罚款、禁乘火车 180 天甚至行政拘留。

12. 业主不交物业费，物业有权停水停电吗？

业主应当按照约定向物业服务人支付物业费。物业服务人已经按照约定和有关规定提供服务的，业主不得以未接受或者不需要接受相关物业服务为由拒绝支付物业费。业主违反约定逾期不支付物业费的，物业服务人可以催告其在合理期限内支付；合理期限届满仍不支付的，物业服务人可以提起诉讼或者申请仲裁。但是，水、电、气、热等资源的供应属于公共服务，物业服务人并非相关供应合同的当事人，不得采取停止供电、供水、供热、供燃气等方式催交物业费，不得利用作为服务人的便利条件侵害业主权益。

13. 认为合同中约定的违约金不公平，还能调整吗？

违约金，是指合同的一方当事人不履行或不适当履行合同时，按照合同的约定，为其违约行为支付的一定数额的金钱。支付违约金是承担民事责任的方式之一。当事人可以约定一方违约时应当根据违约情况向对方支付一定数额的违约金，也可以约定因违约产生的损失赔偿额的计算方法。

当事人认为合同中约定的违约金不公平，可以双方协商，协商不成的，可以请求法院或仲裁机构予以调整。约定的违约金低于造成的损失的，人民法院或者仲裁机构可以根据当事人的请求予以增加；约定的违约金过分高于造成的损失的，人民法院或者仲裁机构可以根据当事人的请求予以适当减少。

以案学法 11

定金与违约金是否可以同时适用？

【案情】何某和王某签订了一份房屋买卖合同，约定王某将其位于某小区的一套商品房卖给何某，同时约定了违约金的计算方法。何某交了定金后，王某觉得卖亏了，又将房子卖给了其他人，并办理了过户手续。何某向法院起诉，要求王某双倍返还定金，并承担违约责任。

【解析】定金，是指当事人约定的，为保证债权的实现，由一方在履行前预先向对方给付的一定数量的货币或者其他代替物。定金的数额由当事人约定，但是，不得超过主合同标的额的20%，超过部分不产生定金的效力。债务人履行债务的，定金应当抵作价款或者收回。

给付定金的一方不履行债务或者履行债务不符合约定，致使不能实现合同目的的，无权请求返还定金；收受定金的一方不履行债务或者履行债务不符合约定，致使不能实现合同目的的，应当双倍返还定金。当事人既约定违约金，又约定定金的，一方违约时，对方可以选择适用违约金或者定金条款。定金不足以弥补一方违约造成的损失的，对方可以请求赔偿超过定金数额的损失。

本案中，何某是给付定金的一方，王某违约，何某要求王某双倍返还定金并承担违约责任的主张与法律不符。因定金与违约金不能同时适用，何某应当根据具体情况，选择最有利于保护自己合法权益的形式来要求王某承担责任，可以要求其退回定金，同时支付违约金，或者要求其双倍返还定金。

合同 扫码答题

1. 如何保护死者的人格利益？

人格权是民事主体享有的生命权、身体权、健康权、姓名权、名称权、肖像权、名誉权、荣誉权、隐私权等权利。人格权作为一种民事权利，在自然人死亡后也自然终止。但是，死者的人格权终止，并不意味着其人格利益不受法律保护。

侵害死者人格利益的行为，主要包括以下情形：未经许可而擅自使用死者的姓名、肖像等；以侮辱、诽谤、贬损、丑化等方式侵害死者的名誉、荣誉；以非法披露、利用等方式侵害死者的隐私和个人信息；以非法利用、损害等方式侵害死者的遗体（包括尸体、尸骨、骨灰）等。

民法典规定，死者的姓名、肖像、名誉、荣誉、隐私、遗体等受到侵害的，其配偶、子女、父母有权依法请求行为人承担民事责任；死者没有配偶、子女且父母已经死亡的，其他近亲属有权依法请求行为人承担民事责任。

2. 什么情况下可以申请人格权侵害禁令？

人格权侵害禁令制度，即民事主体有证据证明行为人正在实施或者即将实施侵害其人格权的违法行为，不及时制止将使其合法权益受到难以弥补的损害的，有权依法向人民法院申请采取责令行为人停止有关行为的措施。

人格权侵害禁令申请应考虑以下因素：（1）申请人请求保护的权利是否属于其依法享有的人格权；（2）是否有证据证明被申请人正在实施或者即将实施的行为具有侵害申请人人格权的较大可能性；（3）如不及时制止相关行为是否将使申请人合法权益受到难以弥补的损害；（4）作出禁令是否会造成申请人与被申请人之间的利益失衡或损害社会公共利益。

以案学法 12

被人用隐私视频骚扰、威胁，能申请人格权侵害禁令吗?

【案情】陈某与王某系同班同学。某天，王某向他人主动索要了陈某被偷拍的隐私视频，并通过社交软件转发给他人。不仅如此，王某还曾借此视频，对陈某进行言语骚扰和威胁。无奈之下，陈某选择向法院申请人格权侵害禁令，请求法院禁止王某存储、控制及传播涉案视频，并禁止其借涉案视频对自己实施言语骚扰、威胁等行为。

【解析】本案中，涉案视频包含申请人的个人隐私，属于其依法应受到保护的人格权范畴。从被申请人获取隐私视频，向他人传播，借该视频以言语方式对申请人进行骚扰和威胁等行为来看，被申请人有明显的侵害他人隐私权的主观故意，且侵害行为正在发生中，如不及时制止其相关行为会使申请人合法权益受到难以弥补的损害。申请人的申请符合法定条件，最终法院裁定禁止被申请人以任何形式存储、控制和传播涉案视频，禁止被申请人借涉案视频对申请人实施一切骚扰、威胁等类似行为。

3. 因一方违约而人格权受损，能请求精神损害赔偿吗?

民法典实施以前，想要主张精神损害赔偿，往往只能通过侵权之诉。然而，如旅游、婚庆、医疗、殡葬等与人身权益紧密结合、以精神利益为目的的一些合同，在违约的情形下也可能导致精神损害。为了拓展精神损害的救济方法，加强人格权保护，民法典明确规定，因当事人一方的违约行为，损害对方人格权并造成严重精神损害，受损害方选择请求其承担违约责任的，不影响受损害方请求精神损害赔偿。

请求精神损害赔偿的前提，首先是当事人一方的违约行为不仅损害了对方的财产权益，而且损害了对方的人格权并造成了严重的精神损害；其次是受损害方选择了违约之诉。受损害方选择违约之诉时，可以在违约之诉中直接提出精神损害赔偿的诉讼请求。

4. 如何进行人体捐献?

完全民事行为能力人享有捐献或不捐献其人体细胞、人体组织、人体器官、遗体的自主决定权。人体捐献的意愿必须真实合法，任何组织或者个人不得强迫、欺骗、利诱捐献；同意捐献的，应当采用书面形式，也可以订立遗嘱，且有权撤销。自然人生前未表示不同意捐献的，该自然人死亡后，其配偶、成年子女、父母可以共同决定捐献，决定捐献应当采用书面形式。共同决定采用“一票否决"制，配偶、成年子女、父母中只要有一人反对人体捐献，则捐献就不能进行。此外，人体捐献只能是无偿的，禁止以任何形式买卖人体细胞、人体组织、人体器官、遗体。

5. 不喜欢现在的名字，怎么改名？

自然人享有姓名权，有权依法决定、使用、变更或者许可他人使用自己的姓名，但是不得违背公序良俗。自然人变更姓名的，应当依法向有关机关办理登记手续，但是法律另有规定的除外。

在姓氏的选取上，民法典规定自然人应当随父姓或者母姓，但是有以下情形之一的，可以在父姓和母姓之外选取姓氏：（1）选取其他直系长辈血亲的姓氏；（2）因由法定扶养人以外的人扶养而选取扶养人姓氏；（3）有不违背公序良俗的其他正当理由。少数民族自然人的姓氏可以遵从本民族的文化传统和风俗习惯。

需要注意的是，自然人变更姓名的，变更前实施的民事法律行为仍然对其具有法律约束力。

6. 偷拍他人并将照片传到网上，是否侵犯他人肖像权？

肖像是通过影像、雕塑、绘画等方式在一定载体上所反映的特定自然人可以被识别的外部形象。自然人享有肖像权，有权依法制作、使用、公开或者许可他人使用自己的肖像。作为自然人享有的一种重要人格权，肖像权具有人格权共有的绝对性、专属性、排他性等特征，任何组织或者个人都不得以任何形式侵害肖像权人的肖像权。

侵害肖像权的行为主要有以下几种：（1）以丑化、污损，或者利用信息技术手段伪造等方式侵害他人的肖像权，如焚烧他人照片的行为；（2）未经肖像权人同意，制作、使用、公开肖像权人的肖像，但是法律另有规定的除外；

（3）未经肖像权人同意，肖像作品权利人以发表、复制、发行、出租、展览等方式使用或者公开肖像权人的肖像，如未经模特同意将摄影作品公开发表的行为。如果未经当事人同意，将偷拍的照片发到网上，不管是否以营利为目的，都属于侵犯肖像权的行为。

7. 新闻报道影响他人名誉权的，如何处理？

名誉是对民事主体的品德、声望、才能、信用等的社会评价。民事主体享有名誉权。任何组织或者个人不得以侮辱、诽谤等方式侵害他人的名誉权。

行为人为公共利益实施新闻报道、舆论监督等行为，影响他人名誉的，不承担民事责任，但是有以下情形之一的除外：（1）捏造、歪曲事实；（2）对他人提供的严重失实内容未尽到合理核实义务；（3）使用侮辱性言辞等贬损他人名誉。

民事主体有证据证明报刊、网络等媒体报道的内容失实，侵害其名誉权的，有权请求该媒体及时采取更正或者删除等必要措施。侵害其名誉权，造成实际损失的，按实际损失赔偿，实际损失不确定的，依据侵权行为造成的危害、对受害人造成的影响等因素确定赔偿数额。

以案学法 13

发朋友圈谩骂他人，构成名誉侵权吗？

【案情】柳某与皮某是微信好友，后交恶。皮某以微信名为“皮皮虾”的个人账号在朋友圈中发表言论，称柳某“破坏了别人家庭就该夹起尾巴做人”，“接受了高等教育的人到头来当小三，你的家人都蒙羞”，同时配有柳某照片。柳某将皮某诉至法院。

【解析】民事主体享有名誉权。任何组织或者个人不得以侮辱、诽谤等方式侵害他人的名誉权。本案中，皮某出于个人情绪和主观臆断，擅自在微信平台上公开发布柳某照片，并配上带有侮辱性的文字，导致柳某名誉受到损害。

皮某的行为已构成名誉侵权，应当依法承担侵权责任。

8. 哪些行为会侵犯他人隐私权？

隐私是自然人的私人生活安宁和不愿为他人知晓的私密空间、私密活动、私密信息。隐私权是一种重要的人格权，任何组织或者个人不得以刺探、侵扰、泄露、公开等方式侵害他人的隐私权。

除法律另有规定或者权利人明确同意外，任何组织或者个人不得实施下列行为：（1）以电话、短信、即时通讯工具、电子邮件、传单等方式侵扰他人的私人生活安宁；（2）进入、拍摄、窥视他人的住宅、宾馆房间等私密空间；（3）拍摄、窥视、窃听、公开他人的私密活动；（4）拍摄、窥视他人身体的私密部位；（5）处理他人的私密信息；（6）以其他方式侵害他人的隐私权。

9. 民法典保护的个人信息包括哪些？

如何防止个人信息过滥收集

个人信息是以电子或者其他方式记录的能够单独或者与其他信息结合识别特定自然人的各种信息，包括自然人的姓名、出生日期、身份证件号码、生物识别信息、住址、电话号码、电子邮箱、健康信息、行踪信息等。个人信息不仅包括隐私信息，还包括可以公开的非隐私信息。相对于隐私的私密性，个人信息更体现识别性。个人信息中的私密信息，适用有关隐私权的规定；没有规定的，适用有关个人信息保护的规定。

人格权 扫码答题

婚姻家庭

1. 患有重大疾病的人可以结婚吗？

我国法律规定的结婚的法定条件有：（1）男女双方完全自愿；（2）达到法定婚龄，男不得早于22周岁，女不得早于20周岁；（3）男女双方无直系血亲或者三代以内旁系血亲关系。可见，患有重大疾病者可以结婚。

以案学法14

婚后得知对方隐瞒了重大疾病，怎么办？

【案情】张某（男）与孙某（女）在旅游过程中相识并恋爱，后登记结婚。婚后孙某得知，张某婚前就患有精神分裂症且久治不愈，遂诉至法院请求撤销婚姻。

【解析】一方患有重大疾病的，应当在结婚登记前如实告知另一方；不如实告知的，另一方可以向人民法院请求撤销婚姻。请求撤销婚姻的，应当自知道或者应当知道撤销事由之日起1年内提出。

本案中，张某婚前患有精神分裂症，在结婚登记前并未如实告知孙某，孙某可自知道张某患有该重大疾病之日起1年内向法院请求撤销婚姻。

2. 举办了婚礼但未领结婚证，是合法夫妻吗？

要求结婚的男女双方应当亲自到婚姻登记机关申请结婚登记。符合民法典规定的，予以登记，发给结婚证。完成结婚登记，即确立婚姻关系。未办理结婚登记的，应当补办登记。因此，只有完成结婚登记，领了结婚证，才算合法夫妻，婚姻关系才受法律保护。

3. 订婚后一方反悔，可以请求返还彩礼吗？

彩礼是指给付方为达到与接受方结婚的目的而给付接受方的一定数额的金钱或贵重物品。对于给付的一方当事人来说，婚姻不能成立时，那么给付彩礼的目的就不存在了，在这种情形下，彩礼就应当予以返还或者部分返还。

结合相关司法解释的规定，当事人请求返还按照习俗给付的彩礼的，如果查明属于以下情形，人民法院应当予以支持：（1）双方未办理结婚登记手续；（2）双方办理结婚登记手续但确未共同生活；（3）婚前给付并导致给付人生活困难。适用上述后两项的规定，应当以双方离婚为条件。

司法实践中，法院一般会综合考虑双方过错程度、经济状况、结婚时间长短、彩礼数额、彩礼用途、是否生育子女，并结合当地风俗习惯等情况，酌情确定是否返还以及返还数额。

4. 受胁迫结婚，婚姻是否无效？

根据民法典的规定，有下列情形之一的，婚姻无效：（1）重婚；（2）有禁止结婚的亲属关系；（3）未到法定婚龄。可见，因胁迫结婚，并不属于婚姻无效的法定情形。

结婚应当男女双方完全自愿，禁止任何一方对另一方加以强迫，禁止任何组织或者个人加以干涉。因胁迫结婚的，受胁迫的一方可以依法向人民法院请求撤销婚姻。

5. 父母出资购买的房，离婚时怎么分？

根据相关司法解释的规定，当事人结婚前，父母为双方购置房屋出资的，该出资应当认定为对自己子女个人的赠与，但父母明确表示赠与双方的除外。

当事人结婚后，父母为双方购置房屋出资的，依照约定处理；没有约定或者约定不明确的，除父母明确表示赠与自己子女的外，视为夫妻的共同财产。

6. 夫妻一方买彩票中的奖金，是否为夫妻共同财产？

夫妻对共同所有的财产，有平等的处理权。夫妻在婚姻关系存续期间所得的下列财产，归夫妻共同所有：（1）工资、奖金、劳务报酬；（2）生产、经营、投资的收益；（3）知识产权的收益；（4）继承或受赠的财产，但遗嘱或赠与合同中确定只归一方所有的财产除外；（5）其他应当归共同所有的财产。其中，“其他应当归共同所有的财产”有：（1）一方以个人财产投资取得的收益；（2）男女双方实际取得或者应当取得的住房补贴、住房公积金；（3）男女双方实际取得或者应当取得的基本养老金、破产安置补偿费。

下列财产为夫妻一方的个人财产：（1）一方的婚前财产；（2）一方因受到人身损害获得的赔偿或补偿；（3）遗嘱或赠与合同中确定只归夫妻一方的财产；（4）一方专用的生活用品；（5）其他应当归一方的财产。

此外，夫妻双方还可以通过协商对婚前、婚后取得的财产的归属、处分以及在婚姻关系解除后的财产分割达成协议。

如果没有特别约定，彩票是一方在婚姻关系存续期间以夫妻共同财产购买的，那么买彩票中的奖金就属于夫妻共同财产，即使离婚也应平分。

7. 夫妻一方为购置房屋在外欠债，属于夫妻共同债务吗？

夫妻债务应该如何承担

民法典规定了三类比较重要的夫妻共同债务：一是基于共同意思表示所负的夫妻共同债务，即俗称的“共债共签”；二是为家庭日常生活需要所负的夫妻共同债务，但夫妻一方在婚姻关系存续期间以个人名义超出家庭日常生活需要所负的债务，不属于夫妻共同债务；三是债权人能够证明的夫妻共同债务。此外，夫妻共同侵权所负的债务、因被监护人侵权所负的债务，也都夫妻共同债务。

夫妻一方为购置房屋在外欠债，只要该借款用于夫妻共同生活、共同生产经营或者基于夫妻双方共同意思表示，则属于夫妻共同债务，另一方也需要承担偿还义务。

以案学法 15

丈夫借钱赌博，妻子有义务偿还吗？

【案情】陈某（男）与李某（女）登记结婚不久，辞职在家的陈某开始热衷于赌博，很快家中积蓄就被消耗殆尽。后来，陈某向邻居方某谎称购买家电借款 1 万元后用于赌博，对此李某并不知情。方某多次向陈某讨债无果后，将夫妻俩一并告上法庭，要求其共同偿还债务。

【解析】根据民法典相关司法解释的规定，夫妻一方在从事赌博、吸毒等违法犯罪活动中所负债务，或夫妻一方与第三人串通虚构的债务，第三人主张该债务为夫妻共同债务的，人民法院不予支持。本案中，陈某因赌博向方某欠下的债务，不属于夫妻共同债务，李某不需要偿还。

8. 对亲子关系有异议，是否可以起诉？

对亲子关系有异议时，只要有正当理由，且系孩子的父或母，可以向法院提起诉讼，请求确认或者否认亲子关系。如果一方当事人已提供必要证据以确认或否认亲子关系，另一方没有相反证据又拒绝做亲子鉴定，法院可以作出支持提供证据一方确认或否认亲子关系的判决。

如果成年子女起诉请求确认亲子关系，并提供必要证据予以证明，另一方没有相反证据又拒绝做亲子鉴定的，法院可以作出支持确认亲子关系的判决。确认亲子关系后，成年子女对养父母的赡养义务并不免除。

9. 非婚生子女能索要抚养费吗？

父母不履行抚养义务的，未成年子女或者不能独立生活的成年子女，有要求父母给付抚养费的权利。非婚生子女享有与婚生子女同等的权利，任何组织或者个人不得加以危害和歧视。

不直接抚养非婚生子女的生父或者生母，应当负担未成年子女或者不能独立生活的成年子女的抚养费。非婚生的未成年子女或者不能独立生活的成年子女，有权向不直接抚养自己的生父或者生母索要抚养费。

10. 继父母可以要求成年继子女赡养自己吗？

继父母与继子女间，不得虐待或者歧视。继父母与继子女之间虽然没有血缘关系，但法律赋予特定的继父母与继子女之间存在与生父母子女间相同的权利义务关系。继父母与继子女之间形成抚养教育关系的，继子女成年后，应当对继父母履行赡养义务。继父母与继子女之间是否形成抚养教育关系，可以通过再婚时继子女是否已经成年，双方共同生活的时间长短，是否实际接受生活上的照顾抚育等予以综合判断。

11. 遭遇家庭暴力，怎么办？

家庭暴力，是指家庭成员之间以殴打、捆绑、残害、限制人身自由以及经常性谩骂、恐吓等方式实施的身体、精神等侵害行为。我国法律明确禁止家庭暴力。家庭成员以外共同生活的人（如监护、寄养、同居等关系的人）之间实施的暴力行为，参照反家庭暴力法的规定执行。

妇女和儿童是家庭暴力的主要受害者，一些中老年人、男性和残疾人等也会成为家庭暴力的受害者。家庭暴力的受害人，既可以向加害人或者受害人所在单位、居委会、村委会、妇联等求助，也可以向公安机关报案。家庭暴力的受害人要收集好验伤证明、悔过书、报警记录、视听资料、证人证言等能够证明一方存在家庭暴力的有力证据。

根据反家庭暴力法的规定，当事人因遭受家庭暴力或者面临家庭暴力的现实危险，有权向人民法院申请人身安全保护令。申请人身安全保护令，一般应当以书面方式，向申请人或者被申请人居住地、家庭暴力发生地的基层法院提出。

此外，家庭暴力是诉讼离婚的法定事由之一，人民法院应当依法判决准予离婚。遭受家庭暴力的一方在离婚时可以按“照顾无过错方”的原则，向法院主张对过错方少分财产。此外，不仅可以主张因家庭暴力行为导致人身损害产生的医疗费、护理费等，还可以主张离婚损害赔偿。

12. 一方提出离婚，另一方不同意怎么办？

根据我国法律规定，离婚有协议离婚和诉讼离婚两种方式。

（1）协议离婚。夫妻双方自愿离婚的，应当签订书面离婚协议，并亲自到婚姻登记机关申请离婚登记。为防止轻率离婚，民法典设置了自当事人提交离婚登记申请之日起 30 日的离婚冷静期。而在此期间一方反悔的，坚持离婚的一方可以向法院起诉离婚。

（2）诉讼离婚。司法实践中，若能证明另一方有重婚或者与他人同居；实施家庭暴力或者虐待、遗弃家庭成员；有赌博、吸毒等恶习屡教不改；因感情不和分居满 2 年等离婚法定事由的，或者有证据证明夫妻感情确已破裂、无和好可能的，经调解无效，法院应当准予离婚。除此之外，本着维护婚姻关系稳定、减少冲动离婚的原则，初次诉讼，法院一般不会判决离婚。经法院判决不准离婚后，双方分居满 1 年，一方再次起诉离婚的，应当准予离婚。

13. 离婚后，孩子由谁直接抚养？

离婚后，父母对于子女仍有抚养、教育、保护的权利和义务。对于父母离婚后子女抚养的问题，我国的司法实践一般遵循以下规则：

（1）不满 2 周岁的子女，原则上由母亲直接抚养，除非母亲有恶疾、恶习等不利于孩子成长的因素存在。父母双方协议由父亲直接抚养的，须对子女健康成长无不利影响。

（2）已满 2 周岁的子女，父母双方对抚养问题协议不成的，由人民法院根据双方的具体情况，按照最有利于未成年子女的原则判决。一方具有已做绝育手术，因其他原因丧失生育能力，或者无其他子女等情形的，法院一般会优先考虑。

（3）子女已满 8 周岁的，应当尊重其真实意愿。

此外，父母双方均要求直接抚养子女，抚养子女的条件基本相同的，若子女随祖父母或者外祖父母共同生活多年，且祖父母或者外祖父母要求并且有能力帮助子女照顾孙子女或者外孙子女的，可以作为父或者母直接抚养子女的优先条件予以考虑。

14. 遭遇婚内出轨，离婚时能要求赔偿吗?

夫妻之间互相忠实，不仅是道德义务，也是法律义务。有下列情形之一，导致离婚的，无过错方有权请求损害赔偿：（1）重婚；（2）与他人同居；（3）实施家庭暴力；（4）虐待、遗弃家庭成员；（5）有其他重大过错。若一方婚内出轨的情节严重，构成上述“与他人同居”或“有其他重大过错”，则无过错方有权请求离婚损害赔偿，该损害赔偿既包括物质损害赔偿，也包括精神损害赔偿。否则，不适用离婚损害赔偿，可以按照“夫妻共同财产分割照顾无过错方”的原则，要求对过错方予以少分财产。

15. 全职主妇离婚时能要求对方补偿吗?

为了充分尊重家务劳动的付出，加强对家庭负担较多义务一方权益的保护，民法典规定，夫妻一方因抚育子女、照料老年人、协助另一方工作等负担较多义务的，离婚时有权向另一方请求补偿，另一方应当给予补偿。具体办法由双方协议；协议不成的，由人民法院判决。

根据该规定，无论夫妻双方为分别财产制还是共同财产制，也无论提出的主体是男是女，是否全职照料家庭，只要是在婚姻关系存续期间对家庭负担较多义务，都可以向对方请求补偿。补偿的数额应当与一方所付出劳务的价值相当，可根据双方结婚时间的长短，子女的大小，婚姻关系存续期间各自在抚养教育子女、赡养老人方面的投入情况，一方对另一方的协助情况，以及双方的经济收入等情况确定补偿数额。全职主妇离婚时可以据以要求赔偿。

16. 单身人士能否收养小孩?

收养人应当同时具备下列条件：(1)无子女或者只有1名子女；(2)有抚养、教育和保护被收养人的能力；（3）未患有在医学上认为不应当收养子女的疾病；（4）无不利于被收养人健康成长的违法犯罪记录；（5）年满30周岁。

单身人士收养小孩，首先要满足上述条件；其次，如果收养的小孩是异性，二人年龄应当相差40周岁以上；最后，收养的若是8周岁以上的未成年人，应当征得被收养人的同意。收养三代以内旁系同辈血亲的子女，可以不受“年龄应当相差40周岁以上”的限制。

此外，单身人士如果无子女，可以收养2名子女；如果有子女，则只能收养1名子女。收养关系自向县级以上人民政府民政部门登记之日起成立。

以案学法16

养子女可以继承亲生父母的遗产吗?

【案情】林某从小被村里的一户人家收养，与养父母共同生活，由养父母抚养成人。平日，林某照顾养父母的同时，还关心亲生父母的生活。由于林某的生母去世得早，胞弟又在外地工作，故林某一直在照顾生父的晚年生活。后林某的父亲去世，引发了遗产继承问题。

【解析】根据民法典的规定，自收养关系成立之日起，养父母与养子女间的权利义务关系，适用民法典关于父母子女关系的规定。养子女与生父母间的权利义务关系，包括相互之间继承遗产的权利，因收养关系的成立而消除。因此，被收养人不能继承生父母的遗产。

本案中，虽然林某无法继承生父的遗产，但是根据民法典的规定，对继承人以外的对被继承人扶养较多的人，可以分给适当的遗产，所以，林某基于其对生父的扶养，也可分得适当的遗产。

17. 成年养子女与养父母解除收养关系，就可以不管养父母吗？

收养关系作为一种法律拟制的亲属关系，既可以通过法律行为依法设立，也可以经由一定的法律程序予以解除。根据民法典的规定，养父母与成年养子女关系恶化、无法共同生活的，可以协议解除收养关系。不能达成协议的，可以向法院提起诉讼。

收养关系解除后，成年养子女与养父母以及其他近亲属间的权利义务关系即行消除，与生父母以及其他近亲属间的权利义务关系是否恢复，可以协商确定。但是，双方收养关系解除，并不意味着成年养子女可以对养父母不管不顾。收养关系解除后，经养父母抚养的成年养子女，对缺乏劳动能力又缺乏生活来源的养父母，应当给付生活费。因养子女成年后虐待、遗弃养父母而解除收养关系的，养父母可以要求养子女补偿收养期间支出的抚养费。生父母要求解除收养关系的，养父母可以要求生父母适当补偿收养期间支出的抚养费；但是，因养父母虐待、遗弃养子女而解除收养关系的除外。

婚姻家庭　扫码答题

继　承

1. 继承从什么时候开始？

继承从被继承人死亡时开始。相互有继承关系的数人在同一事件中死亡，难以确定死亡时间的，推定没有其他继承人的人先死亡。都有其他继承人，辈分不同的，推定长辈先死亡；辈分相同的，推定同时死亡，相互不发生继承。

继承开始后，按照法定继承办理；有遗嘱的，按照遗嘱继承或者遗赠办理；有遗赠扶养协议的，按照协议办理。

2. 子女虐待父母，会丧失遗产继承权吗？

丧失继承权的继承人悔改后还有继承权吗

丧失继承权的法定事由包括：（1）故意杀害被继承人；（2）为争夺遗产而杀害其他继承人；（3）遗弃被继承人，或者虐待被继承人情节严重；（4）伪造、篡改、隐匿或者销毁遗嘱，情节严重；（5）以欺诈、胁迫手段迫使或者妨碍被继承人设立、变更或者撤回遗嘱，情节严重。子女虐待父母情节严重的，丧失继承权。

丧失继承权并非绝对丧失，继承人有上述（3）（4）（5）项的行为，确有悔改表现，被继承人表示宽恕或者事后在遗嘱中将其列为继承人的，该继承人不丧失继承权。

3. 丧偶女婿能继承岳父母的遗产吗？

根据民法典的规定，法定继承人的范围及继承顺序如下：第一顺序：配偶、子女、父母；第二顺序：兄弟姐妹、祖父母、外祖父母。继承开始后，由第一顺序继承人继承，第二顺序继承人不继承；没有第一顺序继承人继承的，由第二顺序继承人继承。丧偶儿媳对公婆，丧偶女婿对岳父母，尽了主要赡养义务的，作为第一顺序继承人。

如果丧偶女婿在丧偶后，继续对岳父母提供了主要的经济来源，或者在日常生活的照顾上提供了主要的扶助，那么其就可以作为第一顺序继承人，享有对岳父母遗产的继承权。

4. 什么情况下，侄子能够继承大伯的遗产？

民法典规定，被继承人的子女先于被继承人死亡的，由被继承人的子女的直系晚辈血亲（子女、孙子女、外孙子女）代位继承。被继承人的兄弟姐妹先于被继承人死亡的，由被继承人的兄弟姐妹的子女代位继承。其中，先于被继承人死亡的继承人称为被代位继承人，代替被代位继承人继承遗产的人被称为代位继承人。代位继承人一般只能继承被代位继承人有权继承的遗产份额。

可知，在大伯没有第一顺序继承人继承遗产时，若侄子的父亲（大伯的弟弟）作为第二顺序继承人先于大伯死亡，侄子可以代位继承大伯的遗产。

5. 法定继承中遗产要平均分配吗？

同一顺序继承人继承遗产的份额，一般应当均等。对生活有特殊困难又缺乏劳动能力的继承人，分配遗产时，应当予以照顾。对被继承人尽了主要扶养义务或者与被继承人共同生活的继承人，分配遗产时，可以多分。有扶养能力和有扶养条件的继承人，不尽扶养义务的，分配遗产时，应当不分或者少分。继承人协商同意的，也可以不均等。

对继承人以外的依靠被继承人扶养的人，或者继承人以外的对被继承人扶养较多的人，可以分给适当的遗产。

6. 立有数份遗嘱，以哪份遗嘱为准？

遗嘱的形式主要有：自书遗嘱；代书遗嘱；打印遗嘱；录音录像遗嘱；口头遗嘱；公证遗嘱。被继承人生前订立数份遗嘱的，如果数份遗嘱的内容没有抵触，数份遗嘱都具有法律效力；如果数份遗嘱的内容有抵触，以最后的遗嘱为准。需要注意的是，虽然公证遗嘱的法律效力不再优于其他形式的遗嘱，但为了确保遗嘱的有效性，现实中仍可考虑优先采用。

以案学法 17

代书遗嘱怎么写才有效?

【案情】李某夫妇育有一儿一女。自妻子去世后，李某的身体状况越来越差，想订立遗嘱，故邀请了居委会主任代笔，并与自己的两个子女作为见证人在场见证。遗嘱的内容为李某百年后将财产全部留给儿子。李某、儿子、女儿和居委会主任在遗嘱上分别签名，并注明了年、月、日。

【解析】代书遗嘱，是指由遗嘱人口述而由他人代替遗嘱人书写遗嘱内容的一种遗嘱形式。民法典对代书遗嘱的内容、形式等均作出了明确的规定，设立一份合法有效的代书遗嘱，必须注意以下几点：

一是内容合法。（1）遗嘱人立遗嘱时须神志清楚，具备民事行为能力；（2）遗嘱内容系其本人真实意思表示，无证据证实系受他人胁迫、欺骗立下遗嘱；（3）所立遗嘱未违反法律和损害社会公共利益。

二是形式合法。代书遗嘱应当有两个以上见证人在场见证，由其中一人代书，并由遗嘱人、代书人和其他见证人签名，注明年、月、日。其中，见证人不得为：（1）无民事行为能力人、限制民事行为能力人以及其他不具有见证能力的人；（2）继承人、受遗赠人；（3）与继承人、受遗赠人有利害关系的人。

可见，本案中李某的儿子、女儿作为遗嘱见证人明显不适格，该份遗嘱因不符合两个以上见证人在场见证的要求，无法生效。

7. 遗嘱订立之后可以反悔吗?

遗嘱人可以于遗嘱设立后的任何时间撤回、变更自己所立的遗嘱，不必征得任何人的同意。撤回遗嘱的方式有两种：一种是明示的方式，即遗嘱人以明确的意思表示撤回遗嘱。另一种是推定的方式，即立遗嘱后，遗嘱人实施与遗嘱内容相反的民事法律行为的，视为对遗嘱相关内容的撤回。需要注意的是，如果遗嘱人的行为并非出于自己的意愿，不构成对遗嘱的撤回。

8. 受遗赠人不履行所附义务，怎么办?

遗嘱继承或者遗赠附有义务的，继承人或者受遗赠人应当履行义务。如义务能够履行，而继承人、受遗赠人无正当理由不履行，经受益人或者其他继承人请求，人民法院可以取消其接受附义务部分遗产的权利，由提出请求的继承人或者受益人负责按遗嘱人的意愿履行义务，接受遗产。

以案学法 18

遗赠扶养协议的效力高于法定继承吗?

【案情】苏某老伴已去世，女儿长期在国外工作。苏某与保姆吴某签订协议：如果吴某尽心照顾苏某，死后遗产归吴某。吴某一直细心照料苏某。后苏某女儿回国，与吴某一起照料苏某，半年后苏某去世。苏某女儿认为自己是法定继承人，且尽了义务，应该继承遗产。

【解析】自然人可以与继承人以外的组织或者个人签订遗赠扶养协议。按照协议，该组织或者个人承担该自然人生养死葬的义务，享有受遗赠的权利。而继承开始后，遗赠扶养协议优先于遗嘱继承、遗赠，遗嘱继承、遗赠优先于法定继承。

本案中，吴某属于法定继承人以外的人，与苏某签订的协议在性质上属于遗赠扶养协议。吴某履行了生养死葬的义务，享有受遗赠的权利。二人签订的遗赠扶养协议有效。苏某的女儿虽然属于第一顺序的法定继承人，但苏某与吴某之间存在合法有效的遗赠扶养协议，其效力优于法定继承。因此，苏某的遗产应按遗赠扶养协议的约定执行。

继承 扫码答题

侵权责任

1. 什么是"自甘风险"？

实践中，参加对抗性、风险性较强的体育等活动容易发生受伤等情况，对于伤害由谁承担责任的问题，民法典确立了"自甘风险"规则：自愿参加具有一定风险的文体活动，因其他参加者的行为受到损害的，受害人不得请求其他参加者承担侵权责任；但是，其他参加者对损害的发生有故意或者重大过失的除外。活动组织者在责任承担上适用安全保障义务的规定。

以案学法 19

参加羽毛球比赛受伤，能要求对方赔偿吗?

【案情】70 多岁的宋某为羽毛球爱好者，多年来经常自发参加羽毛球比赛。某日，宋某与周某和其他几名羽毛球爱好者于某公园进行羽毛球 3 对 3 比赛，在比赛过程中，周某不慎将羽毛球击中宋某的右眼。事发后，宋某在周某陪同下前往医院进行治疗。宋某右眼被诊断为人工晶体脱位、前房积血等，宋某以侵害其健康权为由，将周某诉至法院，要求赔偿医疗费、护理费、住院伙食补助费等各项费用。

【解析】羽毛球运动作为典型的对抗性体育运动项目，属于“有一定风险的文体活动”。作为参加多年羽毛球比赛的羽毛球爱好者，宋某对于比赛过程中可能出现的扭伤、拉伤以及最常见的被羽毛球击中的风险，应当有所认知和预见，但其仍然自愿参加比赛，应当认定为“自甘风险”。

周某在高度紧张的比赛中没有过多的时间考虑、判断自身每一次的行为，而在这种情况下的注意义务应限定在较一般注意义务更宽松的体育道德和规则范围内，因此，周某杀球进攻的行为应当判定为该类运动的正常技术动作，不存在明显违反比赛规则的情形，不属于重大过失。最终法院驳回了宋某的全部诉讼请求。

2. 顾客吃“霸王餐”，店家能扣人扣物吗？

民法典规定了“自助行为”制度，赋予自然人在一定条件下的自我保护权利，同时也对这种行为进行规范：合法权益受到侵害，情况紧迫且不能及时获得国家机关保护，不立即采取措施将使其合法权益受到难以弥补的损害的，受害人可以在保护自己合法权益的必要范围内采取扣留侵权人的财物等合理措施；但是，应当立即请求有关国家机关处理。受害人采取的措施不当造成他人损害的，应当承担侵权责任。

如果遇上顾客吃“霸王餐”，为维护自己的权利，店家在情况紧迫而又不能及时请求国家机关予以救助的情形下，可以采取对顾客的财产或人身施加扣押、约束或其他措施的自助行为，但是必须按照法律规定行使，不能进行殴打等过激行为，否则造成他人损害要承担侵权责任。

3. 侵害他人造成人身损害的，该如何赔偿？

侵害他人造成人身损害的，应当赔偿医疗费、护理费、交通费、营养费、住院伙食补助费等为治疗和康复支出的合理费用，以及因误工减少的收入。造成残疾的，还应当赔偿辅助器具费和残疾赔偿金；造成死亡的，还应当赔偿丧葬费和死亡赔偿金。被扶养人生活费计入残疾赔偿金或者死亡赔偿金。

4. 侵害他人人身权益造成财产损失、精神损害的，该如何赔偿？

侵害他人人身权益造成财产损失的，按照被侵权人因此受到的损失或者侵权人因此获得的利益赔偿；被侵权人因此受到的损失以及侵权人因此获得的利益难以确定，被侵权人和侵权人就赔偿数额协商不一致，向人民法院提起诉讼的，由人民法院根据实际情况确定赔偿数额。

侵害自然人人身权益造成严重精神损害的，或者因故意或者重大过失侵害自然人具有人身意义的特定物造成严重精神损害的，被侵权人有权请求精神损害赔偿。

5. 保姆在工作中受伤，雇主要承担责任吗？

保姆直接受雇主雇佣的，双方成立劳务关系，接受劳务一方与提供劳务一方处于平等地位。根据民法典的规定，个人之间形成劳务关系，提供劳务一方因劳务受到损害的，根据双方各自的过错承担相应的责任。

雇主不但要审查保姆的从业资质，还要尽到必要的安全保障义务，如提供安全的工作环境、采取相应的安全措施、提前告知安全风险等；受雇保姆则应尽到合理范围内的安全注意义务。保姆在工作中受伤，需要根据双方的应尽的义务确定过错，并按过错比例承担相应的责任。

6. 用户发布侵权内容，网络平台需要担责吗？

网络平台用户发布侵权内容，权利人可以按照民法典的规定，提供构成侵权的初步证据及自己的真实身份信息，要求网络平台采取删除、屏蔽、断开链接等必要措施，维护自身利益。

网络平台在接到权利人关于网络服务平台存在侵权内容的通知时，有义务及时获取被投诉侵权人的真实身份，根据构成侵权的初步证据和服务类型采取必要措施，协助权利人按照规则通过诉讼等方式进行维权；未及时采取必要措施的，与该网络平台用户承担连带责任。但是，如果权利人因错误通知造成网络平台用户或者网络平台损害的，应当承担侵权责任。

7. 无偿搭乘出车祸，司机需要担责吗？

民法典明确了好意同乘下责任的承担问题，规定：非营运机动车发生交通事故造成无偿搭乘人损害，属于该机动车一方责任的，应当减轻其赔偿责任，但是机动车使用人有故意或者重大过失的除外。

好意同乘是无偿施惠、助人为乐的行为，但搭乘者无偿乘坐他人车辆并不意味着其自愿冒一切风险，驾驶员对同乘者的生命财产安全仍负有不可推卸的注意义务，应当遵守交通规则和法律规范，谨慎驾驶，避免事故发生。民法典将好意同乘下驾驶人的法律责任明确为“应当减轻”，但如果驾驶人存在故意或者重大过失，则不能减轻赔偿责任。

以案学法 20

买卖机动车已交付未过户，发生事故谁担责？

【案情】胡某买了一辆新车，将自己的旧车（仅投保了机动车强制保险）以8万元的价格卖给了刘某。因双方关系尚可，胡某先将机动车和行驶证交给刘某使用，约定待全部购车款支付后再办理过户手续。后刘某驾车闯红灯将行人撞伤，经认定刘某对事故承担全部责任。刘某认为，车辆尚未登记在自己名下，胡某也要一起赔偿。

【解析】本案涉及的是已经买卖并交付的机动车，在未办理所有权转移登记的情况下，发生交通事故由谁承担赔偿责任的问题。根据民法典的规定，当事人之间已经以买卖或者其他方式转让并交付机动车但是未办理登记，发生交通事故造成损害，属于该机动车一方责任的，由受让人承担赔偿责任。本案中，胡某、刘某双方买卖并交付了车辆但未办理所有权转移登记，发生事故是因刘某闯红灯的过错行为导致，故应由刘某承担赔偿责任。

此外，民法典规定，机动车发生交通事故造成损害，属于该机动车一方责任的，先由承保机动车强制保险的保险人在强制保险责任限额范围内予以赔偿；不足部分，由承保机动车商业保险的保险人按照保险合同的约定予以赔偿；仍然不足或者没有投保机动车商业保险的，由侵权人赔偿。由于该车仅投保了机动车强制保险，因此，对于保险人在强制保险责任限额范围内赔付后仍然不足的部分，刘某应承担赔偿责任。

8. 患者不听从诊疗建议而受到损害，医院需要担责吗？

患者在诊疗活动中受到损害，有下列情形之一的，医疗机构不承担赔偿责任：（1）患者或者其近亲属不配合医疗机构进行符合诊疗规范的诊疗；（2）医务人员在抢救生命垂危的患者等紧急情况下已经尽到合理诊疗义务；（3）限于当时的医疗水平难以诊疗。因患者或者其近亲属不配合医疗机构进行符合诊疗规范的诊疗使患者受到损害，医疗机构或者其医务人员也有过错的，应当承担相应的赔偿责任。

患者享有知情同意的权利，医务人员应当向患者说明病情、诊疗方案、医疗风险、医疗费用、替代治疗方案等情况，并获得患者的同意。如果医务人员对不听从诊疗建议可能出现的危害后果进行了充分告知，患者一方仍不听从不配合，在诊疗活动中受到损害，医疗机构不需要承担赔偿责任。

9. 医疗机构能否随意公开患者的病历资料？

病历资料包括医疗机构保管的门诊病历、住院志、体温单、医嘱单、检验报告、医学影像检查资料、特殊检查（治疗）同意书、手术同意书、手术及麻醉记录、病理资料、护理记录、出院记录以及国务院卫生行政主管部门规定的其他病历资料。

病历资料不仅记载着患者的姓名、年龄等身份信息，而且记录了患者接受治疗的过程和内容，具有极强的私密性，包含患者的隐私和个人信息。根据民法典的规定，医疗机构及其医务人员应当对患者的隐私和个人信息保密。泄露患者的隐私和个人信息，或者未经患者同意公开其病历资料的，应当承担侵权责任。需要注意的是，医疗机构及其医务人员承担侵权责任，不以造成患者损害后果为前提。

10. 饲养的动物伤人，该如何承担责任？

饲养动物应当遵守法律法规，尊重社会公德，不得妨碍他人生活。根据民法典的规定，饲养的动物伤人的责任承担，遵循无过错责任原则，即动物饲养人或者管理人对于造成他人损害的结果即使没有过错也要承担责任，只有在有证据能够证明被侵权人对损害结果存在故意或者重大过失的情况下，才可以不承担或减轻责任。但是，如果禁止饲养的烈性犬等危险动物造成他人损害，无论被侵权人是否存在故意或者重大过失，动物饲养人或者管理人都应当承担侵权责任。

此外，如果因第三人的过错致使动物造成他人损害，被侵权人可以向动物饲养人或者管理人请求赔偿，也可以向第三人请求赔偿。动物饲养人或者管理人赔偿后，有权向第三人追偿。

11. 高空抛物砸伤路人，责任由谁承担？

为发泄情绪高空抛掷物品会被判刑吗

民法典规定，禁止从建筑物中抛掷物品。从建筑物中抛掷物品或者从建筑物上坠落的物品造成他人损害的，由侵权人依法承担侵权责任；经调查难以确定具体侵权人的，除能够证明自己不是侵权人的外，由可能加害的建筑物使用人给予补偿。可能加害的建筑物使用人补偿后，有权向侵权人追偿。

物业服务企业等建筑物管理人应当采取必要的安全保障措施防止上述规定情形的发生；未采取必要的安全保障措施的，应当依法承担未履行安全保障义务的侵权责任。

侵权责任 扫码答题

第四章 | 其他常用法律知识

1. 什么是乡村振兴战略？

民族要复兴，乡村必振兴。实施乡村振兴战略，是党的十九大作出的重大决策部署，是决战全面建成小康社会、全面建设社会主义现代化国家的重大历史任务，是新时代“三农”工作的总抓手。乡村振兴战略坚持农业农村优先发展，目标是按照“产业兴旺、生态宜居、乡风文明、治理有效、生活富裕”的总要求，建立健全城乡融合发展体制机制和政策体系，加快推进农业农村现代化。乡村振兴不仅是经济的振兴，也是生态的振兴、社会的振兴，文化、教育、科技、生活的振兴，以及农民素质的提升。

2. 全面实施乡村振兴战略必须遵循的重要原则有哪些？

全面实施乡村振兴战略，应当坚持中国共产党的领导，贯彻创新、协调、绿色、开放、共享的新发展理念，走中国特色社会主义乡村振兴道路，促进共同富裕，遵循以下原则：

（1）坚持农业农村优先发展，在干部配备上优先考虑，在要素配置上优先满足，在资金投入上优先保障，在公共服务上优先安排；

（2）坚持农民主体地位，充分尊重农民意愿，保障农民民主权利和其他合法权益，调动农民的积极性、主动性、创造性，维护农民根本利益；

（3）坚持人与自然和谐共生，统筹山水林田湖草沙系统治理，推动绿色发展，推进生态文明建设；

（4）坚持改革创新，充分发挥市场在资源配置中的决定性作用，更好发挥政府作用，推进农业供给侧结构性改革和高质量发展，不断解放和发展乡村社会生产力，激发农村发展活力；

（5）坚持因地制宜、规划先行、循序渐进，顺应村庄发展规律，根据乡村的历史文化、发展现状、区位条件、资源禀赋、产业基础分类推进。

3. 乡村振兴促进法在坚持农民主体地位方面主要有哪些体现?

乡村振兴，农民群众是主体，必须坚持扶志扶智相结合，全面提升新时代农民整体素质，充分保障农民各项合法权益，让农民吃上长效的“定心丸”，使农民真正成为乡村振兴的参与者、建设者、受益者。

乡村振兴促进法在坚持农民主体地位方面的规定主要体现为：

（1）坚持农民主体地位，充分尊重农民意愿，保障农民民主权利和其他合法权益，维护农民根本利益；

（2）保障进城落户农民土地承包经营权、宅基地使用权、集体收益分配权等；

（3）促进农民增收，发展壮大集体经济，促进乡村产业发展；

（4）严格规范村庄撤并，严禁违背农民意愿、违反法定程序撤并村庄；

（5）加强和改进乡村治理，补齐农村基础设施和公共服务短板；

（6）推进城乡融合发展，推动城乡要素有序流动、平等交换和公共资源均衡配置；

（7）完善城乡统筹的社会保障制度，建立健全保障机制；

（8）加强农业面源污染防治，持续改善农村人居环境。

4. 乡村振兴促进法对粮食安全和农田保护有哪些规定？

乡村振兴促进法明确规定，国家实施以我为主、立足国内、确保产能、适度进口、科技支撑的粮食安全战略，坚持藏粮于地、藏粮于技，采取措施不断提高粮食综合生产能力，建设国家粮食安全产业带，完善粮食加工、流通、储备体系，确保谷物基本自给、口粮绝对安全，保障国家粮食安全。国家完善粮食加工、储存、运输标准，提高粮食加工出品率和利用率，推动节粮减损。

要实现粮食安全，耕地保护就要有法可依。乡村振兴促进法规定，国家建立农用地分类管理制度，严格保护耕地，严格控制农用地转为建设用地，严格控制耕地转为林地、园地等其他类型农用地。省、自治区、直辖市人民政府应当采取措施确保耕地总量不减少、质量有提高。国家实行永久基本农田保护制度，建设粮食生产功能区、重要农产品生产保护区，建设并保护高标准农田。

5. 乡村振兴促进法关于发展乡村产业主要体现在哪些方面？

产业兴旺是解决农村一切问题的前提。乡村振兴促进法对发展乡村产业作了较详细的规定，主要体现在五个方面：一是以农民为主体发展多形态特色的乡村产业；二是发展壮大农村集体经济；三是促进一二三产业融合发展；四是加强农业技术创新和科技推广；五是构建农民收入稳定增长机制。

乡村振兴 扫码答题

1. 什么是基层群众自治制度？

基层群众自治制度，是伴随新中国发展历程生长起来的一项具有独特作用的基本政治制度，是中国特色社会主义民主制度的重要内容，即居民（村民）依法直接行使民主选举、民主决策、民主管理、民主监督的民主权利，实行自我管理、自我服务、自我教育、自我监督，主要表现形式为居民自治和村民自治。城市和农村按居民（村民）居住地区设立的居民委员会或者村民委员会是基层群众性自治组织。

2. 在外工作的村民，可以竞选村干部吗？

村干部由村民直接选举产生。年满 18 周岁的村民，除依法被剥夺政治权利外，均有选举权和被选举权。

选举前，下列人员经登记后，可以列入参加选举的村民名单：（1）户籍在本村并且在本村居住的村民；（2）户籍在本村，不在本村居住，本人表示参加选举的村民；（3）户籍不在本村，在本村居住 1 年以上，本人申请参加选举，并且经村民会议或者村民代表会议同意参加选举的公民。

在外工作的村民，只要户籍在本村，本人也表示参加选举，就应列入参加选举的村民名单。

3. 哪些事项须经村民会议讨论决定？

村民有权要求公开村集体财务账目吗

涉及村民利益的下列事项，经村民会议讨论决定方可办理：（1）本村享受误工补贴的人员及补贴标准；（2）从村集体经济所得收益的使用；（3）本村公益事业的兴办和筹资筹劳方案及建设承包方案；（4）土地承包经营方案；（5）村集体经济项目的立项、承包方案；（6）宅基地的使用方案；（7）征地补偿费的使用、分配方案；（8）以借贷、租赁或者其他方式处分村集体财产；（9）村民会议认为应当由村民会议讨论决定的涉及村民利益的其他事项。

村民会议可以授权村民代表会议讨论决定上述事项。法律对讨论决定村集体经济组织财产和成员权益的事项另有规定的，依照其规定。

4. 村民会议如何召开，所作决定才有效?

村民会议由本村 18 周岁以上的村民组成，由村民委员会召集。有 1/10 以上的村民或者 1/3 以上的村民代表提议，应当召集村民会议。召集村民会议，应当提前 10 天通知村民。

召开村民会议，应当有本村 18 周岁以上村民的过半数，或者本村 2/3 以上的户的代表参加，村民会议所作决定应当经到会人员的过半数通过。法律对召开村民会议及作出决定另有规定的，依照其规定。召开村民会议，根据需要可以邀请驻本村的企业、事业单位和群众组织派代表列席。

以案学法 21

村民会议所作决定需要多少村民同意才有效?

【案情】某村村委会召开村民会议，对该村土地补偿款分配事宜进行表决。村里年满 18 周岁以上的村民共计 200 人 80 户，当天参加会议的村民有 90 人，代表 50 户。村委会主任详细讲解了土地补偿款分配方案。表决时，除王某外，其余 89 人均同意拟定的分配方案。王某认为，该表决无效。

【解析】召开村民会议，应当严格按照法律规定。本案中，该村年满 18 周岁以上的村民有 200 人，参加当天村民会议的只有 90 人，未过半数，同时，参加的户数也未达 2/3，不符合法定要求。王某的质疑于法有据。

5. 村规民约规定“外嫁女必须迁走户口”合法吗？

村规民约是村民集体意志的体现，是村民自我管理、自我教育、自我监督的行为规范。村规民约由村民会议制定和修改，并报乡、民族乡、镇的人民政府备案，但其不得与宪法、法律、法规和国家的政策相抵触，不得有侵犯村民的人身权利、民主权利和合法财产权利的内容。我国农村户口安置遵循自愿原则，而且户口登记条例中并没有规定出嫁女户口必须迁出，因此，村规民约规定“外嫁女必须迁走户口”明显不合法。

6. 村委会直播带货产生的收益归谁？

村委会对管理范围内的村民有相应的服务职能，帮助村民直播致富也是其职能之一。村委会作为特别法人，以自己的名义直播带货，既是服务活动，也是管理活动。需要注意的是，村委会不是营利法人，没有经济职能，其作为管理者、服务者，直播带货产生的收益应归村民所有。

7. 居民委员会如何选举产生？

居民委员会根据居民居住状况，按照便于居民自治的原则，一般在 100 户至 700 户的范围内设立，由主任、副主任和委员共 5 至 9 人组成。多民族居住地区，居民委员会中应当有人数较少的民族的成员。

居民委员会主任、副主任和委员，由本居住地区全体有选举权的居民或者由每户派代表选举产生；根据居民意见，也可以由每个居民小组选举代表 2 至 3 人选举产生。居民委员会每届任期 5 年，其成员可以连选连任。

8. 社区涉及全体居民利益的重要问题如何决议才有效？

涉及全体居民利益的重要问题，居民委员会必须提请居民会议讨论决定。

居民会议由 18 周岁以上的居民组成，由居民委员会召集和主持。有 1/5 以上的 18 周岁以上的居民、1/5 以上的户或者 1/3 以上的居民小组提议，应当召集居民会议。居民会议可以由全体 18 周岁以上的居民或者每户派代表参加，也可以由每个居民小组选举代表 2 至 3 人参加。

居民会议必须有全体 18 周岁以上的居民、户的代表或者居民小组选举的代表的过半数出席，才能举行。会议的决定，须由出席人的过半数通过才有效。

9. 居民委员会如何筹集办理公益事业所需费用?

居民委员会办理本居住地区公益事业所需的费用，经居民会议讨论决定，可以根据自愿原则向居民筹集，也可以向本居住地区的受益单位筹集，但是必须经受益单位同意；收支账目应当及时公布，接受居民监督。

10. 村（社区）干部职务违法、犯罪谁来管?

监察法以法律形式将村（社区）干部等“基层群众性自治组织中从事管理的人员”纳入监察对象，使纪检监察机关查处其职务违法、职务犯罪活动有了明确的法律遵循。村（社区）干部的职务违法、犯罪行为，由当地监察机关依法调查处置。

此外，根据公职人员政务处分法的规定，基层群众性自治组织中从事管理的人员有违法行为的，监察机关可以予以警告、记过、记大过。基层群众性自治组织中从事管理的人员受到政务处分的，应当由县级或者乡镇人民政府根据具体情况减发或者扣发补贴、奖金。

基层自治 扫码答题

农村基本经营制度

土地承包经营权能否继承

1. 农村基本经营制度是什么？

以家庭承包经营为基础、统分结合的双层经营体制是我国农村基本经营制度，是党在农村政策的基石。党的十八大以来，以习近平同志为核心的党中央对稳定和完善农村基本经营制度、深化农村土地制度改革提出一系列方针政策，并把被实践检验行之有效的农村土地承包政策及实践中的成功经验转化为国家法律规范，主要包括：（1）农村集体土地所有权、土地承包权、土地经营权“三权”分置；（2）农村土地承包关系保持稳定并长久不变，第二轮土地承包到期再延长30年；（3）维护进城落户农民的土地承包经营权；（4）土地经营权可以融资担保；（5）承包地的土地经营权可以采取入股方式流转；（6）严格工商企业流转土地经营权的准入监管；（7）保护妇女土地承包权益。

2. 自愿放弃承包地后，还能再要求承包土地吗？

农村集体经济组织成员有权依法承包由本集体经济组织发包的农村土地。任何组织和个人不得剥夺和非法限制农村集体经济组织成员承包土地的权利。但是，在承包期内交回承包地的，在承包期内不得再要求承包土地。如果想要承包土地，待新一轮土地承包期开始后，向村集体提出申请即可。

3. 发包方能收回外嫁女的原承包地吗？

农村土地承包，妇女与男子享有平等的权利。承包中应当保护妇女的合法权益，任何组织和个人不得剥夺、侵害妇女应当享有的土地承包经营权。承包期内，妇女结婚，在新居住地未取得承包地的，发包方不得收回其原承包地；

妇女离婚或者丧偶，仍在原居住地生活或者不在原居住地生活但在新居住地未取得承包地的，发包方不得收回其原承包地。发包方违法剥夺、侵害妇女依法享有的土地承包经营权，造成损害的，应当相应的民事责任。

4. 承包的土地不想种了，可以流转给他人吗？

我国农村土地实行集体所有权、农户承包权、土地经营权“三权”分置。农村土地经营权流转以承包方与发包方承包关系保持不变为前提，遵循依法、自愿、有偿原则。土地承包经营权人可以自主决定依法采取出租（转包）、入股或者其他方式向他人流转土地经营权，并向发包方备案。

土地经营权流转，当事人双方应当签订书面流转合同。承包方将土地交由他人代耕不超过 1 年的，可以不签订书面合同。流转期限为 5 年以上的土地经营权，自流转合同生效时设立。当事人可以向登记机构申请土地经营权登记；未经登记，不得对抗善意第三人。

通过招标、拍卖、公开协商等方式承包农村土地，经依法登记取得权属证书的，可以依法采取出租、入股、抵押或者其他方式流转土地经营权。

以案学法 22

承包地可以买卖吗？

【案情】李某承包了农村土地后，因家里人手不够，种庄稼成本高收成低，故把自家的承包地以 3 万元的价格卖给了邻村的亲戚耕种。

【解析】农村土地承包法规定，农村土地承包后，土地的所有权性质不变。承包地不得买卖。村民个人享有的是土地承包经营权，而非土地所有权。买卖或者以其他形式非法转让土地的，由县级以上人民政府自然资源主管部门没收违法所得，可以并处罚款。本案中，李某出卖承包地的行为违法，当地自然资源主管部门没收了他的违法所得 3 万元，并处 1 万元罚款。

5. 土地流转有哪些禁止性规定？

土地经营权流转不得损害农村集体经济组织和利害关系人的合法权益；不得破坏农业综合生产能力和农业生态环境；不得改变承包土地的所有权性质；不得改变农业用途，确保农地农用，优先用于粮食生产，制止耕地“非农化”、防止耕地“非粮化”。

6. 土地经营权人有哪些权利？

土地经营权人有权在合同约定的期限内占有农村土地，自主开展农业生产经营并取得收益。土地经营权是特殊的用益物权，土地经营权人在合同约定的期限内，除占有、使用、收益的权利外，根据农村土地承包法的规定，还享有改良土壤、建设附属设施、再流转、以土地经营权融资担保等权利。

7. 林地权属有争议，可以擅自砍伐争议地上的林木吗？

林权是指森林、林木、林地的所有权和使用权，是森林资源财产权在法律上的具体体现。林权证是确认森林、林木和林地所有权或者使用权的法律凭证，也是确认农村林地承包经营权的法律凭证。森林、林木、林地的所有者、使用者、经营者的合法权益受法律保护，任何组织和个人不得侵犯。

林地权属有争议的，在争议解决前，除因森林防火、林业有害生物防治、国家重大基础设施建设等需要外，当事人任何一方不得砍伐有争议的林木或者改变林地现状。此外，非法砍伐林木属于破坏森林资源的行为，会受到行政处罚；如果擅自砍伐的数量较大，还会因触犯滥伐林木罪受到刑事处罚。

8. 农民专业合作社可以开展哪些业务？

农民专业合作社，是指在农村家庭承包经营基础上，农产品的生产经营者或者农业生产经营服务的提供者、利用者，自愿联合、民主管理的互助性经济组织。农民专业合作社以其成员为主要服务对象，开展以下一种或者多种业务：（1）农业生产资料的购买、使用；（2）农产品的生产、销售、加工、运输、贮藏及其他相关服务；（3）农村民间工艺及制品、休闲农业和乡村旅游资源的开发经营等；（4）与农业生产经营有关的技术、信息、设施建设运营等服务。

9. 设立农民专业合作社，应当具备哪些条件？

设立农民专业合作社，应当具备下列条件：（1）有 5 名以上符合法定条件的成员；（2）有符合法律规定的章程；（3）有符合法律规定的组织机构；（4）有符合法律、行政法规规定的名称和章程确定的住所；（5）有符合章程规定的成员出资。具有民事行为能力的公民，以及从事与农民专业合作社业务直接有关的生产经营活动的企业、事业单位或者社会组织，能够利用农民专业合作社提供的服务，承认并遵守农民专业合作社章程，履行章程规定的入社手续的，可以加入农民专业合作社，但是农民至少应当占成员总数的 80%。成员总数 20 人以下的，可以有 1 个企业、事业单位或者社会组织成员；成员总数超过 20 人的，企业、事业单位和社会组织成员不得超过成员总数的 5%。

农村基本经营制度 扫码答题

疫情防控

1. 农村（社区）该如何配合疫情防控工作?

根据法律规定，各级人民政府领导传染病防治工作，村（居）委会在疫情防控工作中，应当按照当地人民政府的决定、命令，进行宣传动员，组织村（居）民参与农村（社区）的传染病预防与控制活动，开展自救和互救，协助维护社会秩序；组织力量，团结协作，群防群治，协助卫生行政主管部门和其他有关部门、医疗卫生机构做好疫情信息的收集和报告、人员的分散隔离、公共卫生措施的落实工作，向村（居）民宣传传染病防治的相关知识。

村（居）民必须接受疾病预防控制机构、医疗机构有关传染病的调查、检验、采集样本、隔离治疗等预防、控制措施，如实提供有关情况；同时，服从人民政府、村（居）委会或者所属单位的指挥和安排，配合人民政府采取的应急处置措施，积极参加疫情防控工作，协助维护社会秩序。

以案学法 23

违反疫情封控规定私自外出，如何处罚?

【案情】某地封控小区居民田某私自外出采购食物被疫情防控工作人员发现。工作人员对其劝阻时，田某不仅不听劝阻，还大声辱骂、推搡工作人员。工作人员遂报警处理。

【解析】疫情防控是全社会共同的责任，积极配合疫情防控工作开展，阻断疫情传播是公民义不容辞的社会责任和必须承担的法律义务。个人或单位违反疫情防控相关规定，轻则受到治安处罚，重则构成犯罪，会被追究刑事责任。

本案中，田某作为封控小区的居民，擅自外出，拒不执行人民政府在紧急状态情况下依法发布的决定、命令，不配合封控管理，严重破坏了疫情防控秩序，公安机关依据治安管理处罚法的相关规定，对田某予以了行政处罚。如果其拒绝执行传染病防治法防控措施的行为，引起疫情传播或者有传播严重危险，构成妨害传染病防治罪，则会被追究刑事责任。此外，如果其导致传染病传播、流行，给他人人身、财产造成损害，还应当依法承担民事责任。

2. 因疫情防控的紧急需要，国家有权征用个人财产吗？

征用是国家对组织和个人财产的强制使用。因抢险救灾、疫情防控等紧急需要，国家有权依法征用个人财产，但是，对个人财产的征用应依照法律的严格规定：（1）前提是发生紧急情况；（2）符合法律规定的权限和程序；（3）使用后应当将被征用的不动产或者动产返还被征用人；（4）不动产或者动产被征用或者征用后毁损、灭失的，应当给予补偿，补偿通常不包括可得利益的损失。

3. 因疫情封城，孩子无人照管怎么办？

因发生突发事件等紧急情况，监护人暂时无法履行监护职责，被监护人的生活处于无人照料状态的，被监护人住所地的居委会、村委会或者民政部门应当为被监护人安排必要的临时生活照料措施。疫情封城属于突发事件，孩子无人照管，可以找住所地的居委会、村委会或者民政部门安排人员进行必要的临时照料，以保障孩子有人关心、有人照顾。

4. 不配合防疫流调，瞒报谎报行踪会有什么严重后果？

流调的目的就是有效控制传染源，切断病毒传播途径，实现病例早发现、早报告。积极配合流调是公民的义务。根据传染病防治法的规定，我国领域内的一切单位和个人，必须接受疾病预防控制机构、医疗机构有关传染病的调查、检验、采集样本、隔离治疗等预防、控制措施，如实提供有关情况。个人或单位违反疫情防控相关规定，瞒报谎报行程信息、隐瞒与确诊病例或者疑似病例的密切接触史，轻则受到治安处罚，重则构成犯罪，会被追究刑事责任，如果后果特别严重，最高可判处7年有期徒刑。

5. 疫情期间公布行程轨迹等信息，需要本人同意吗?

个人信息的处理，包括个人信息的收集、存储、使用、加工、传输、提供、公开等，应当遵循合法、正当、必要原则，不得过度处理，并符合下列条件：（1）征得该自然人或者其监护人同意，但是法律、行政法规另有规定的除外；（2）公开处理信息的规则；（3）明示处理信息的目的、方式和范围；（4）不违反法律、行政法规的规定和双方的约定。

但是，处理个人信息，有下列情形之一的，行为人不承担民事责任：（1）在该自然人或者其监护人同意的范围内合理实施的行为；（2）合理处理该自然人自行公开的或者其他已经合法公开的信息，但是该自然人明确拒绝或者处理该信息侵害其重大利益的除外；（3）为维护公共利益或者该自然人合法权益，合理实施的其他行为。

在疫情防控期间，为了维护公共利益，防止疫情扩散蔓延，相关部门按照网信办要求，采用“最小范围”原则，收集和公布关键人的行踪轨迹以确保更多人的知情，寻找密切接触者。相关行为符合法律规定，无须自然人的同意，但是，收集、公布相关信息应当在正当、必要的限度内。

6. 公共运输承运人可以拒绝承运来自疫情高风险地区的旅客或货物吗?

根据法律规定，从事公共运输的承运人不得拒绝旅客、托运人通常、合理的运输要求，其具有强制缔约义务。但是，在疫情防控期间，公共运输承运人基于公共利益考虑，为防止疫情传播，拒绝运输来自疫情高风险地区，有可能造成疫情传播的旅客或者货物，并不违反强制缔约义务。

需要明确的是，承运人相关处理必须是基于有关部门疫情防控通知要求或者确有必要，没有正当理由而拒绝合理的运输要求的，应承担违约责任。

疫情防控 扫码答题

1. 可以在个人承包的林地上私自采伐吗？

根据森林法规定，森林资源属于国家所有，由法律规定属于集体所有的除外。我国林木的所有权、使用权和采伐权相分离。自留山（地）所有权归集体所有，只是交由村民使用、管理和收益。除自留地和房前屋后个人所有的零星林木以外，采伐林木必须要依法申请办理采伐许可证，并按照采伐许可证的规定进行采伐。采伐许可证由县级以上人民政府林业主管部门核发。

农村居民采伐自留山和个人承包集体林地上的林木，由县级人民政府林业主管部门或者其委托的乡镇人民政府核发采伐许可证。没有采伐许可证，在个人承包的林地上私自采伐是违法行为，会受到补种树木等行政处罚，构成滥伐林木罪的，将依法追究刑事责任。

2. 扫墓焚烧不慎引发森林火灾，如何承担责任？

（1）行政责任。根据《森林防火条例》的相关规定，在森林防火期内未经批准擅自在森林防火区内野外用火，尚不构成犯罪的个人，除须停止违法行为外，还将面临警告，200 元以上 3000 元以下罚款等行政处罚。

（2）刑事责任。失火造成森林火灾，过火有林地面积 2 公顷以上，或者致人重伤、死亡的应当立案。构成失火罪的，处 3 年以上 7 年以下有期徒刑；情节较轻的，处 3 年以下有期徒刑或者拘役。

（3）民事责任。因森林火灾导致他人损害结果发生的，应承担相应的侵权责任。违反国家规定造成生态环境损害的，应承担生态环境修复和赔偿责任。若破坏生态造成严重后果，则需要承担惩罚性赔偿责任。

3. 可以随意丢弃生活垃圾吗？

公民应当遵守环境保护法律法规，配合实施环境保护措施，按照规定对生活废弃物进行分类放置，减少日常生活对环境造成的损害。产生生活垃圾的单位、家庭和个人应当依法履行生活垃圾源头减量和分类投放义务，承担生活垃圾产生者责任。任何单位和个人都应当依法在指定的地点分类投放生活垃圾。不可以随意倾倒、抛撒、堆放或者焚烧生活垃圾。

单位、个人违法随意倾倒、抛撒、堆放或者焚烧生活垃圾，未在指定的地点分类投放生活垃圾的，除责令改正，还将依法被处以罚款等行政处罚。

4. 能将残留的农用薄膜就地掩埋吗？

残留农用薄膜不仅危害土壤和农田环境，降低土壤肥力，还会降低农作物产量，甚至破坏农村生活环境和自然景观。《农用薄膜管理办法》规定，农用薄膜使用者应当在使用期限到期前捡拾田间的非全生物降解农用薄膜废弃物，交至回收网点或回收工作者，不得随意弃置、掩埋或者焚烧。未按照上述规定回收农用薄膜的，由地方人民政府农业农村主管部门责令改正，处 1 万元以上 10 万元以下的罚款；农业投入品使用者为个人的，可以处 200 元以上 2000 元以下的罚款。

5. 工厂违法排污致人损害，如何索赔？

因污染环境、破坏生态造成他人损害的，侵权人应当承担侵权责任。因污染环境、破坏生态发生纠纷，行为人应当就法律规定的不承担责任或者减轻责任的情形及其行为与损害之间不存在因果关系承担举证责任。

工厂违法排污致人损害时，被侵权人只需要证明工厂存在污染环境的可能性，提供污染行为与损害结果之间存在关联性的初步证据。工厂若无法证明自己存在法律规定的免责事由及其行为与损害结果之间没有因果关系，就应当赔偿被侵权人的损失，同时要在合理期限内修复对环境造成的损害。如果工厂违法排污造成严重后果，被侵权人有权请求相应的惩罚性赔偿。

6. 畜禽养殖应当做好哪些污染防治工作？

新建、改建、扩建畜禽养殖场、养殖小区，应当符合畜牧业发展规划、畜禽养殖污染防治规划，满足动物防疫条件，并进行环境影响评价。

畜禽养殖场、养殖小区应当根据养殖规模和污染防治需要，建设相应的畜禽粪便、污水与雨水分流设施，畜禽粪便、污水的贮存设施，粪污厌氧消化和堆沤、有机肥加工、制取沼气、沼渣沼液分离和输送、污水处理、畜禽尸体处理等综合利用和无害化处理设施；应当做好畜禽疫病的防治工作，保证综合利用或者无害化处理设施的正常运转，保证污染物达标排放，防止污染环境。畜禽养殖场、养殖小区违法排放畜禽粪便、废水及其他固体废弃物，造成环境污染危害的，应当排除危害，依法赔偿损失。

7. 收完庄稼后，可以焚烧秸秆吗？

不可以。焚烧秸秆不仅极易引发火灾，威胁群众生命财产安全，还会造成对环境的污染和破坏。根据大气污染防治法的规定，省、自治区、直辖市人民政府应当划定区域，禁止露天焚烧秸秆、落叶等产生烟尘污染的物质。违反法律规定，露天焚烧秸秆、落叶等产生烟尘污染的物质的，由县级以上地方人民政府确定的监督管理部门责令改正，并可处500元以上2000元以下的罚款。若故意焚烧农作物秸秆引起火灾，致人重伤、死亡或者使公私财产遭受重大损失，应承担相应的刑事责任。

以案学法24

烧烤店油烟扰民，怎么办？

【案情】明某所住小区旁开了一家烧烤店，产生了大量的油烟、异味，对周围居民身心健康产生了严重影响。明某的朋友告诉他：“烧烤店违规排放油烟违法了，可以向有关部门投诉。”明某致电12345政务服务便民热线投诉后，经检测，该烧烤店存在油烟超标排放的情况。经过处罚整改，小区恢复了以往的干净舒适。

【解析】根据大气污染防治法的规定，排放油烟的餐饮服务业经营者应当安装油烟净化设施并保持正常使用，或者采取其他油烟净化措施，使油烟达标排放，并防止对附近居民的正常生活环境造成污染。

排放油烟的餐饮服务业经营者未安装油烟净化设施、不正常使用油烟净化设施或者未采取其他油烟净化措施，超过排放标准排放油烟的，会被处5000元以上5万元以下的罚款；拒不改正的，责令停业整治。

本案中，烧烤店未安装油烟净化设施，超过排放标准排放油烟，违反了上述规定，应当予以行政处罚。生活中，如果发现小区周边存在餐饮油烟扰民的问题，可向当地城管部门反映或者拨打12369环保举报热线进行举报，也可以通过12345政务服务便民热线进行投诉。

8. 广场舞噪音太大，可以制止吗？

广场舞产生的噪音属于社会生活噪声，即人为活动产生的除工业噪声、建筑施工噪声和交通运输噪声之外的干扰周围生活环境的声音，可以依法制止。

噪声污染防治法规定，在街道、广场、公园等公共场所组织或者开展娱乐、健身等活动，应当遵守公共场所管理者有关活动区域、时段、音量等规定，采取有效措施，防止噪声污染；不得违反规定使用音响器材产生过大音量。违反上述规定的，由地方人民政府指定的部门说服教育，责令改正；拒不改正的，给予警告，对个人可以处 200 元以上 1000 元以下的罚款，对单位可以处 2000 元以上 2 万元以下的罚款。严重者经劝阻、调解和处理未能制止，持续干扰他人正常生活、工作和学习，或者有其他扰乱公共秩序、妨害社会管理等违反治安管理行为的，由公安机关依法给予治安管理处罚。

生态文明 扫码答题

食品药品安全

1. 自家卤制的鸭脖可以在小区售卖吗?

食品安全法规定，国家对食品生产经营实行许可制度。从事食品生产、食品销售、餐饮服务，应当依法取得许可。但是，销售食用农产品和仅销售预包装食品的，不需要取得许可。仅销售预包装食品的，应当报所在地县级以上地方人民政府食品安全监督管理部门备案。

食品生产加工小作坊和食品摊贩等从事食品生产经营活动，应当符合食品安全法规定的与其生产经营规模、条件相适应的食品安全要求，保证所生产经营的食品卫生、无毒、无害。食品生产加工小作坊和食品摊贩等的具体管理办法由省、自治区、直辖市制定。

可见，除销售食用农产品和仅销售预包装食品外，生产和销售食品都需要申请行政许可。自家卤制鸭脖，如果未取得食品生产经营许可进行售卖，会被食品安全监督管理部门处以没收违法所得、卤制的全部鸭脖及卤制鸭脖所用的工具、设备、原料等物品，违法生产经营的卤鸭脖，货值金额不足 1 万元的，并处 5 万元以上 10 万元以下的罚款；货值金额 1 万元以上的，并处货值金额 10 倍以上 20 倍以下的罚款。属于加工小作坊生产模式的，可依据各省规定处罚。

2. 购买食品应注意哪些事项？

食品安全关系身体健康和生命安全，购买食品应注意以下事项：

（1）看经营者是否有营业执照，其主体资格是否合格；

（2）看食品包装，注意食品名称、生产者信息、配料表、生产日期、保质期、贮存条件、产品执行标准号、食品生产许可证等外包装标识是否清楚、齐全，不要选购“三无”食品和过期食品；

（3）看散装食品经营者的卫生状况，注意有无健康证、卫生合格证等相关证照，有无防蝇防尘设施等；

（4）看食品色泽，警惕过于鲜艳、好看的食品；

（5）看食品价格，注意同类食品比价，理性购买低价、促销食品。

以案学法 25

超市买到过期食品，如何维权？

【案情】2021 年 1 月 10 日，杜某在某大型超市内购买了两块巧克力，金额共计 9.6 元。该巧克力的生产日期为 2020 年 2 月 10 日，保质期为 42 周。杜某购买后经过计算，发现其购买时该巧克力的保质期已过。杜某认为，超市出售过期食品，应当承担相应的法律赔偿责任，故将超市诉至当地人民法院，请求退还购物款，并赔偿 1000 元。

【解析】根据食品安全法的规定，生产不符合食品安全标准的食品或者经营明知是不符合食品安全标准的食品，消费者除要求赔偿损失外，还可以向生产者或者经营者要求支付价款 10 倍或者损失 3 倍的赔偿金；增加赔偿的金额不足 1000 元的，为 1000 元。

被告超市作为食品经营者，食品已过标明的保质期却仍然销售，属于食品安全法规定的“明知”情形，应当向主张损失的消费者进行赔偿。最终，法院依法判决被告超市退还原告杜某购物款 9.6 元，并赔偿 1000 元。

3. 保健食品的标签中能写有“抑制肿瘤”功能吗？

不能。保健食品是食品，而不是药品，不能替代药物。包括保健食品在内的所有食品均不具有预防和治疗功能。保健食品的标签、说明书不得涉及疾病预防、治疗功能，内容应当真实，与注册或者备案的内容相一致，载明适宜人群、不适宜人群、功效成分或者标志性成分及其含量等，并声明“本品不能代替药物”。保健食品的功能和成分应当与标签、说明书相一致。

购买保健食品，如发现产品标签或者说明书涉及疾病预防、治疗功能，要提高警惕，其属于夸大产品功效的违法行为。

4. 外卖吃坏肚子，能要求外卖平台赔偿吗？

根据食品安全法的规定，消费者通过网络食品交易第三方平台购买食品，其合法权益受到损害的，可以向入网食品经营者或者食品生产者要求赔偿。网络食品交易第三方平台提供者不能提供入网食品经营者的真实名称、地址和有效联系方式的，由网络食品交易第三方平台提供者赔偿。网络食品交易第三方平台提供者赔偿后，有权向入网食品经营者或者食品生产者追偿。网络食品交易第三方平台提供者作出更有利于消费者承诺的，应当履行其承诺。

5. 食品中是否可以添加药品？

不可以。生产经营的食品中不得添加药品，但是可以添加按照传统既是食品又是中药材的物质，该类物质目录由国务院卫生行政部门会同国务院食品安全监督管理部门制定、公布。食品生产经营者应当依照食品安全标准关于食品添加剂的品种、使用范围、用量的规定使用食品添加剂。

6. 国家实行特殊管理的药品种类有哪些？

国家实行特殊管理的药品种类有：麻醉药品、精神药品、医疗用毒性药品、放射性药品、药品类易制毒化学品、兴奋剂药品等。

特殊管理药品若流入非法渠道，将会导致药物滥用，对公众身心健康和生命安全以及社会稳定带来严重危害。

7. 医疗机构配制制剂有哪些要求？

医疗机构配制制剂，应当经所在地省、自治区、直辖市人民政府药品监督管理部门批准，取得医疗机构制剂许可证，否则不得配制制剂；应当有能够保证制剂质量的设施、管理制度、检验仪器和卫生环境；应当按照经核准的工艺进行，所需的原料、辅料和包装材料等应当符合药用要求；应当是本单位临床需要而市场上没有供应的品种，并经所在地省、自治区、直辖市人民政府药品监督管理部门批准，但是，法律对配制中药制剂另有规定的除外；应当按照规定进行质量检验，检验合格的，凭医师处方在本单位使用。医疗机构配制的制剂不得在市场上销售。

8. 什么是假药、劣药？

有下列情形之一的，为假药：（1）药品所含成分与国家药品标准规定的成分不符；（2）以非药品冒充药品或者以他种药品冒充此种药品；（3）变质的药品；（4）药品所标明的适应证或者功能主治超出规定范围。

有下列情形之一的，为劣药：（1）药品成分的含量不符合国家药品标准；

（2）被污染的药品；（3）未标明或者更改有效期的药品；（4）未注明或者更改产品批号的药品；（5）超过有效期的药品；（6）擅自添加防腐剂、辅料的药品；（7）其他不符合药品标准的药品。

9. 药品广告内容应当符合哪些要求？

药品广告的内容应当真实、合法，以国务院药品监督管理部门核准的药品说明书为准，并应当显著标明禁忌、不良反应。处方药广告应当显著标明“本广告仅供医学药学专业人士阅读”，非处方药广告应当显著标明“请按药品说明书或者在药师指导下购买和使用”。

药品广告不得含有表示功效、安全性的断言或者保证；不得说明治愈率或者有效率；不得与其他药品的功效和安全性或者其他医疗机构比较；不得利用国家机关、科研单位、学术机构、行业协会或者专家、学者、医师、药师、患者等的名义或者形象作推荐、证明。非药品广告不得有涉及药品的宣传。

食品药品安全 扫码答题

1. 农家乐经营者有哪些安全生产职责？

农家乐经营者应依法履行如下安全生产职责：（1）建立健全并落实本单位全员安全生产责任制，加强安全生产标准化建设；（2）组织制定并实施本单位安全生产规章制度和操作规程；（3）组织制定并实施本单位安全生产教育和培训计划；（4）保证本单位安全生产投入的有效实施；（5）组织建立并落实安全风险分级管控和隐患排查治理双重预防工作机制，督促、检查本单位的安全生产工作，及时消除生产安全事故隐患；（6）组织制定并实施本单位的生产安全事故应急救援预案；（7）及时、如实报告生产安全事故。

2. 担任安全生产管理人员需要具备什么条件？

生产经营单位的安全生产管理人员主要负责组织或者参与拟订本单位安全生产规章制度、操作规程和生产安全事故应急救援预案，组织或者参与本单位安全生产教育和培训，组织开展危险源辨识和评估，督促落实本单位重大危险源的安全管理措施等与安全生产密切相关的工作。安全生产管理人员必须具备与本单位所从事的生产经营活动相应的安全生产知识和管理能力。危险物品的生产、经营、储存、装卸单位以及矿山、金属冶炼、建筑施工、运输单位的安全生产管理人员，其安全生产知识和管理能力须由主管的负有安全生产监督管理职责的部门考核合格。危险物品的生产、储存、装卸单位以及矿山、金属冶炼单位应当有注册安全工程师从事安全生产管理工作。

3. 员工有哪些安全生产责任？

从业人员发现危及人身安全的紧急情况时有权停止作业

员工应依法履行下列安全生产责任：（1）在作业过程中，应当严格落实岗位安全责任，遵守本单位的安全生产规章制度和操作规程，服从管理，正确佩戴和使用劳动防护用品；（2）应当接受安全生产教育和培训，掌握本职工作所需的安全生产知识，提高安全生产技能，增强事故预防和应急处理能力；（3）发现事故隐患或者其他不安全因素，应当立即向现场安全生产管理人员或者本单位负责人报告，接到报告的人员应当及时予以处理。

以案学法 26

未严格进行安全生产教育培训，应如何处罚?

【案情】某汽车科技有限公司员工违规作业，导致一名车辆驾驶员受伤。执法人员得知情况后，到该公司进行检查，发现该公司安全管理不规范，未对从业人员严格进行安全生产教育培训，管理层督促员工执行规章制度及安全操作规程不严格。

【解析】我国安全生产法规定，生产经营单位应当对从业人员进行安全生产教育和培训，保证从业人员具备必要的安全生产知识，熟悉有关的安全生产规章制度和安全操作规程，掌握本岗位的安全操作技能，了解事故应急处理措施，知悉自身在安全生产方面的权利和义务。未经安全生产教育和培训合格的从业人员，不得上岗作业。生产经营单位未按照规定对从业人员、被派遣劳动者、实习学生进行安全生产教育和培训，或者未按照规定如实告知有关的安全生产事项的，责令限期改正，处 10 万元以下的罚款；逾期未改正的，责令停产停业整顿，并处 10 万元以上 20 万元以下的罚款，对其直接负责的主管人员和其他直接责任人员处 2 万元以上 5 万元以下的罚款。

本案中，公司的行为违反了我国安全生产法的有关规定，属于未按照规定对从业人员进行安全生产教育和培训。执法人员根据相关违法事实，责令该公司限期改正，并处罚款 5 万元。

4. 发现有安全生产违法行为，如何举报?

任何单位或者个人对事故隐患或者安全生产违法行为，均有权向负有安全生产监督管理职责的部门报告或者举报。居委会、村委会发现其所在区域内的生产经营单位存在事故隐患或者安全生产违法行为时，应当向当地人民政府或者有关部门报告。县级以上各级人民政府及其有关部门对报告重大事故隐患或者举报安全生产违法行为的有功人员，给予奖励。具体奖励办法由国务院应急管理部门会同国务院财政部门制定。

5. 有机动车驾驶证可以开拖拉机吗？

不能，必须持有有效的拖拉机驾驶证才能驾驶拖拉机。根据规定，拖拉机、联合收割机操作人员经过培训后，应当按照国务院农业机械化主管部门的规定，参加县级人民政府农业机械化主管部门组织的考试。考试合格的，农业机械化主管部门应当在 2 个工作日内核发相应的操作证件。

拖拉机、联合收割机操作证件有效期为 6 年；有效期满，拖拉机、联合收割机操作人员可以向原发证机关申请续展。

未满 18 周岁不得操作拖拉机、联合收割机。操作人员年满 70 周岁的，县级人民政府农业机械化主管部门应当注销其操作证件。

6. 可以用拖拉机在道路上载人吗？

拖拉机主要是为了满足农业生产、货物运输等需求，车辆安全性能相对较差，没有设置安全防护设施，不具备载客条件，遇车辆发生碰撞或侧翻时，易导致群死群伤事故发生。

道路交通安全法规定，禁止货运机动车载客。货运机动车需要附载作业人员的，应当设置保护作业人员的安全措施。在允许拖拉机通行的道路上，拖拉机可以从事货运，但是不得用于载人。

7. 拖拉机、联合收割机操作人员不得有哪些行为？

根据《农业机械安全监督管理条例》规定，拖拉机、联合收割机操作人员不得有下列行为：（1）操作与本人操作证件规定不相符的拖拉机、联合收割机；（2）操作未按照规定登记、检验或者检验不合格、安全设施不全、机件失效的拖拉机、联合收割机；（3）使用国家管制的精神药品、麻醉品后操作拖拉机、联合收割机；（4）患有妨碍安全操作的疾病操作拖拉机、联合收割机；（5）国务院农业机械化主管部门规定的其他禁止行为。操作人员应依法携带操作证件，不得使用拖拉机、联合收割机违反规定载人。

8. 农机作业时发生事故，怎么办?

农业机械事故，是指农业机械在作业或者转移等过程中造成人身伤亡、财产损失的事件。在道路以外发生的农业机械事故，操作人员和现场其他人员应当立即停止作业或者停止农业机械的转移，保护现场，造成人员伤害的，应当向事故发生地农业机械化主管部门报告；造成人员死亡的，还应当向事故发生地公安机关报告。造成人身伤害的，应当立即采取措施，抢救受伤人员。因抢救受伤人员变动现场的，应当标明位置。接到报告的农业机械化主管部门和公安机关应当立即派人赶赴现场进行勘验、检查，收集证据，组织抢救受伤人员，尽快恢复正常的生产秩序。

对经过现场勘验、检查的农业机械事故，农业机械化主管部门应当在 10 个工作日内制作完成农业机械事故认定书；需要进行农业机械鉴定的，应当自收到农业机械鉴定机构出具的鉴定结论之日起 5 个工作日内制作农业机械事故认定书。当事人对农业机械事故损害赔偿有争议，请求调解的，应当自收到事故认定书之日起 10 个工作日内向农业机械化主管部门书面提出调解申请。农业机械事故构成生产安全事故的，应当依照相关法律、行政法规的规定调查处理并追究责任。

安全生产 扫码答题

社会应急治理

1. 应对突发事件应依据什么原则？

突发事件，是指突然发生，造成或者可能造成严重社会危害，需要采取应急处置措施予以应对的自然灾害、事故灾难、公共卫生事件和社会安全事件。突发事件的预防与应急准备、监测与预警、应急处置与救援、事后恢复与重建等应对活动，适用突发事件应对法。

突发事件应对工作实行预防为主、预防与应急相结合的原则。国家建立重大突发事件风险评估体系，对可能发生的突发事件进行综合性评估，减少重大突发事件的发生，最大限度地减轻重大突发事件的影响。

2. 农村（社区）如何编制应急预案的内容？

应急预案，是指各级人民政府及其部门、基层组织、企事业单位、社会团体等为依法、迅速、科学、有序应对突发事件，最大程度减少突发事件及其造成的损害而预先制定的工作方案。

单位和基层组织应急预案由机关、企业、事业单位、社会团体和居委会、村委会等法人和基层组织制定，侧重明确应急响应责任人、风险隐患监测、信息报告、预警响应、应急处置、人员疏散撤离组织和路线、可调用或可请求援助的应急资源情况及如何实施等，体现自救互救、信息报告和先期处置特点。村（居）委会应依法律、行政法规和制度，紧密结合农村（社区）实际，合理确定内容，切实提高针对性、实用性和可操作性。

3. 政府可以采取哪些应急处置措施应对突发事件？

自然灾害、事故灾难或者公共卫生事件发生后，履行统一领导职责的人民政府可以采取下列一项或者多项应急处置措施：

（1）组织营救和救治受害人员，疏散、撤离并妥善安置受到威胁的人员以及采取其他救助措施；

（2）迅速控制危险源，标明危险区域，封锁危险场所，划定警戒区，实行交通管制以及其他控制措施；

（3）立即抢修被损坏的交通、通信、供水、排水、供电、供气、供热等公共设施，向受到危害的人员提供避难场所和生活必需品，实施医疗救护和卫生防疫以及其他保障措施；

（4）禁止或者限制使用有关设备、设施，关闭或者限制使用有关场所，中止人员密集的活动或者可能导致危害扩大的生产经营活动以及采取其他保护措施；

（5）启用本级人民政府设置的财政预备费和储备的应急救援物资，必要时调用其他急需物资、设备、设施、工具；

（6）组织公民参加应急救援和处置工作，要求具有特定专长的人员提供服务；

（7）保障食品、饮用水、燃料等基本生活必需品的供应；

（8）依法从严惩处囤积居奇、哄抬物价、制假售假等扰乱市场秩序的行为，稳定市场价格，维护市场秩序；

（9）依法从严惩处哄抢财物、干扰破坏应急处置工作等扰乱社会秩序的行为，维护社会治安；

（10）采取防止发生次生、衍生事件的必要措施。

4. 一旦发生突发事件，怎么办？

一旦发生突发事件，公众可通过拨打 110、119、120、122 等各类应急电话和其他各种途径及时报告。同时根据具体情况，利用所掌握的应急知识积极开展自救互救，及时避险处险；参与协助政府相关应急管理部门进行事件的应急处置。以乐观向上的态度面对突发公共事件造成的人身伤害和财产损失，努力恢复重建。

5. 哪些单位应当建立应急救援组织、配备应急救援器材?

危险物品的生产、经营、储存单位以及矿山、金属冶炼、城市轨道交通运营、建筑施工单位应当建立应急救援组织；生产经营规模较小的，可以不建立应急救援组织，但应当指定兼职的应急救援人员。

危险物品的生产、经营、储存、运输单位以及矿山、金属冶炼、城市轨道交通运营、建筑施工单位应当配备必要的应急救援器材、设备和物资，并进行经常性维护、保养，保证正常运转。

6. 地震时如何自救?

震时就近躲避，震后迅速撤离到安全的地方。可根据不同情况采取以下自救措施：（1）在家中时，应选择易形成三角空间的地方躲避，如是平房，可逃出房外，外逃时注意用被子、枕头、安全帽护住头部。室内安全地点有：卫生间、厨房、储藏室等狭小空间，承重墙（注意避开外墙）。（2）如果在影剧院、体育馆等处，要沉着冷静，特别是断电时，应就地蹲下或躲在排椅下，注意避开吊灯、电扇等悬挂物，用皮包等物保护头部。（3）如果在商场、书店、展览馆等处，应选择结实的柜台、商品或柱子边以及内墙角处就地蹲下，用手或其他东西护头，避开玻璃门窗和玻璃橱窗。（4）正在上课的学生，应在老师的指挥下按照平时演练的预案，快速撤离或者就地避险（就地避险的前提是实在来不及跑出楼或确定楼房不会倒塌）。

假如不幸被压埋在废墟内，一定要有勇气和毅力，坚定生存下去的信心，耐心等待救援，切不可悲观绝望，要做到：（1）注意用湿毛巾、衣服等捂住口鼻和头部，避免灰尘呛闷发生窒息，尽量清除压在身上的各种物体，用周围可搬动的物品支撑身体上面的重物，扩大活动空间，保障有足够的空气。条件允许时设法逃避险境。（2）注意观察周围环境，寻找安全通道，设法爬出废墟，无法爬出时，不要大声呼喊，当听到外面有人时再呼叫，或敲击出声，向外界传消息求救。（3）无法脱险时，尽量减少体力消耗，想办法与外面援救人员取得联系。

7. 洪水暴发时该怎么办？

洪水暴发时，应做到：（1）根据电视、广播等提供的洪水信息和自己所处的位置、房舍结构条件，冷静选择撤离位置。（2）认清路标，明确撤离的路线和目的地，避免因为惊慌而走错路。（3）备足速食食品或蒸煮够食用几天的食品，准备足够的饮用水和日用品。万一要离开房屋漂浮，须吃些食物和喝些热水，以增强体力。（4）洪水到来时来不及转移的，要就近向山坡、高地、楼房、避洪台等地迅速转移，或者立即爬上屋顶、楼房高层、大树、高墙等高的地方暂避。（5）如果洪水继续上涨，暂避的地方已无法自保，要充分利用准备好的救生器材逃生，或者迅速找到一些门板、桌椅、木床、大块的泡沫或塑料等能漂浮的材料扎成筏逃生。（6）如果已被洪水包围，要设法尽快与当地防汛部门联系，报告自己的方位和险情，积极寻求救援。发现高压线铁塔倾斜或者电线断头下垂时，应迅速远避，防止直接触电或因地面“跨步电压”触电。注意：千万不要游泳逃生，不可攀爬带电的电线杆、铁塔，也不要爬到泥坯房的房顶。（7）如果已被卷入洪水中，一定要尽可能抓住固定的或能漂浮的东西，寻找逃生的机会。

8. 发生森林火灾，如何逃生自救？

如果火势较小，可用水浇、土埋、树枝扑打等方法及时扑灭。如果火势已起，一定要立即逆风逃生，并拨打森林火警电话 12119 报警。逃生时应注意用浸湿的衣物等遮掩口鼻，注意避开悬崖、陡坡等危险地形，尽量往着火地的两翼逃跑。在进入安全地带后，应迅速清除周围可燃物，排除安全隐患。

如果无法及时离开火场，可暂时进入火烧迹地避险，注意及时清理周围可燃物，或者就近选择没有可燃物的平地挖坑，将砂石放在衣物上覆盖在自己的身上，卧倒避险，用手曲成环状放在口鼻处帮助呼吸。如果被大火包围，也要鼓起勇气，选择火势较弱的地方，用衣物护住头部，迅速穿越火线逃生。

9. 自然灾害过后，居民可以获得哪些救助？

受灾地区人民政府应当在确保安全的前提下，采取就地安置与异地安置、政府安置与自行安置相结合的方式，对受灾人员进行过渡性安置。

自然灾害危险消除后，受灾地区人民政府应当统筹研究制订居民住房恢复重建规划和优惠政策，组织重建或者修缮因灾损毁的居民住房，对恢复重建确有困难的家庭予以重点帮扶。受灾地区人民政府应急管理等部门应当向经审核确认的居民住房恢复重建补助对象发放补助资金和物资，住房城乡建设等部门应当为受灾人员重建或者修缮因灾损毁的居民住房提供必要的技术支持。

自然灾害发生后的当年冬季、次年春季，受灾地区人民政府应当为生活困难的受灾人员提供基本生活救助。

社会应急治理 扫码答题

特定群体保护

1. 可以委托他人代为照护留守儿童吗？

未成年人的父母或者其他监护人因外出务工等原因在一定期限内不能完全履行监护职责的，应当委托具有照护能力的完全民事行为能力人代为照护，并与未成年人、被委托人至少每周联系和交流一次，了解未成年人的生活、学习、心理等情况，给予亲情关爱；无正当理由的，不得委托他人代为照护。

未成年人的父母或者其他监护人在确定被委托人时，应当综合考虑其道德品质、家庭状况、身心健康状况、与未成年人生活情感上的联系等情况，并听取有表达意愿能力未成年人的意见。具有下列情形之一的，不得作为被委托人：（1）曾实施性侵害、虐待、遗弃、拐卖、暴力伤害等违法犯罪行为；（2）有吸毒、酗酒、赌博等恶习；（3）曾拒不履行或者长期怠于履行监护、照护职责；（4）其他不适宜担任被委托人的情形。

2. 父母能让读初中的孩子辍学打工吗?

孩子是否接受义务教育不是自家的私事。我们国家实行九年义务教育制度，适龄儿童、少年，不分性别、民族、种族、家庭财产状况、宗教信仰等，依法享有平等接受义务教育的权利，并履行接受义务教育的义务。适龄儿童、少年的父母或其他法定监护人必须依法保证其按时入学接受并完成义务教育。父母不履行法定监护职责，剥夺孩子接受义务教育的权利是违法的。

学校应当对尚未完成义务教育的辍学未成年学生进行登记并劝返复学；劝返无效的，应当及时向教育行政部门书面报告。如果经当地教育行政部门批评教育后，孩子父母仍不改正，不仅会面临行政处罚，法院还可以根据有关人员或者单位的申请，撤销其监护人的资格，依法另行指定监护人。

3. 学生在校学习期间受伤，学校如何承担责任?

无民事行为能力人在幼儿园、学校或者其他教育机构学习、生活期间受到人身损害的，幼儿园、学校或者其他教育机构应当承担侵权责任；但是，能够证明尽到教育、管理职责的，不承担侵权责任。

限制民事行为能力人在学校或者其他教育机构学习、生活期间受到人身损害，学校或者其他教育机构未尽到教育、管理职责的，应当承担侵权责任。

无民事行为能力人或者限制民事行为能力人在幼儿园、学校或者其他教育机构学习、生活期间，受到幼儿园、学校或者其他教育机构以外的第三人人身损害的，由第三人承担侵权责任；幼儿园、学校或者其他教育机构未尽到管理职责的，承担相应的补充责任。幼儿园、学校或者其他教育机构承担补充责任后，可以向第三人追偿。

以案学法 27

幼儿上手工课被同学剪伤，幼儿园承担什么责任？

【案情】某日，在幼儿园的手工剪纸课上，4 周岁的小宝被同班同学小强用手工剪刀剪断了右耳耳廓。事发后，经某整形外科医院诊断，小宝右耳外伤，同日为小宝行右耳外伤清创缝合术。

小宝父母与幼儿园多次协商后无果，将幼儿园起诉至法院。小宝父母认为，因幼儿园教育管理不到位导致小宝受伤，要求其支付各项损失共计 31000 元以及后续治疗费。幼儿园则称，事故为他人行为造成的伤害，小强的行为已超出正常行为范畴，事发突然，老师来不及阻止，超出了幼儿园的监管能力，属于意外事故，幼儿园仅应承担小部分责任。

经查明，剪刀是幼儿园老师要求家长提交的，对剪刀的要求仅为：圆口、刀片能剪动纸。而小强所持剪刀为金属刀刃式样。

【解析】根据民法典的规定，无民事行为能力人在幼儿园、学校或者其他教育机构学习、生活期间受到人身损害的，采用过错推定原则，除非幼儿园、学校或者其他教育机构通过举证，证明自己已经尽到了教育、管理职责，才可以免责，否则就要承担赔偿责任。幼儿园在启发、锻炼幼儿动手能力时，应该选择与幼儿年龄、认知相符合的课程或活动，谨慎选择幼儿能够接触到的材料和工具，应尽最大的注意确保幼儿人身安全。

本案中，幼儿园组织幼儿做手工剪纸，应对工具严格把关，小强使用锋利的金属刀刃式样的剪刀做手工具有一定的危险性，导致了损害后果发生。而且幼儿园在组织幼儿做手工作业时，应拉大幼儿的就座间距，还应尽到比一般大龄儿童和普通学科类课程更多的注意义务，加强课堂巡查，时刻防范危险发生。而事发时，在仅有6名幼儿参与手工剪纸的情况下，幼儿之间相邻较密，教师也在低头剪纸，未注意到异常情况。由于幼儿园未能尽到教育、管理职责，应对小宝的损害后果承担全部赔偿责任，小宝父母主张的后续费用因尚未发生，可待实际发生后另行主张。最终，法院判决幼儿园赔偿小宝各项合理经济损失共计5700元。

4. 哪些行为属于学生欺凌?

学生欺凌，是指发生在学生之间，一方蓄意或者恶意通过肢体、语言及网络等手段实施欺压、侮辱，造成另一方人身伤害、财产损失或者精神损害的行为，主要包括以下情形：（1）殴打、脚踢、掌掴、抓咬、推撞、拉扯等侵犯他人身体或者恐吓威胁他人；（2）以辱骂、讥讽、嘲弄、挖苦、起侮辱性绰号等方式侵犯他人人格尊严；（3）抢夺、强拿硬要或者故意毁坏他人财物；（4）恶意排斥、孤立他人，影响他人参加学校活动或者社会交往；（5）通过网络或者其他信息传播方式捏造事实诽谤他人、散布谣言或者错误信息诋毁他人、恶意传播他人隐私。

5. 未成年人遭受性侵害应该怎么办?

未成年人遭性侵，诉讼时效怎么算

性侵未成年人是国家严厉打击的犯罪行为，未成年人一旦遭受性侵害，要第一时间告诉家人、老师，保留证据，及时报警；任何人只要怀疑未成年人受到性侵害，都可以向公安、民政、教育部门报告。

未成年人遭受性侵害后，身心受到巨大创伤，家长和学校应该密切关注孩子的心理状况变化，如果出现严重心理、精神障碍或自杀、自残，应当进行精神卫生检查和必要的心理干预。

遭受性侵害的未成年人及其法定代理人，可以在检察院提起公诉时提起附带民事诉讼，也可以单独提起民事诉讼，要求实施性侵者赔偿损失。请求范围一般为物质损失，在给未成年人造成严重精神损害的情况下，法院会支持精神损害赔偿的主张。

法律规定，未成年人遭受性侵害的损害赔偿请求权的诉讼时效期间，自受害人年满 18 周岁之日起计算。也就是说，如果其间没有中止、中断等情形发生，受害人至少在 21 周岁以前都可以提起诉讼。需要注意的是，成年后性侵案件往往已经过去了较长时间，此时起诉，必须要有足够的证据证明才能获得赔偿。

以案学法 28

医疗机构接诊怀孕幼女后，要报告吗?

【案情】陆某与孙某（女，未成年人）通过网络认识。陆某在明知孙某未满 14 周岁的情况下，奸淫孙某致其怀孕、流产。某市检察院以涉嫌强奸罪对陆某提起公诉。检察院在办案中发现，陆某曾于 2021 年 10 月带孙某在某门诊部做人工流产手术，该门诊部妇科医师季某在明知孙某为未满 14 周岁未成年人，无监护人陪同、签字确认的情况下，为其进行人工流产手术，且未向有关部门报告该情况。检察院向当地卫生健康局通报了相关情况，建议对涉案医疗机构和人员依法追责。

【解析】根据未成年人保护法关于强制报告制度的规定，医护人员负有发现未成年人疑似遭受侵害及时报告的义务。医护人员履行强制报告义务对及时发现、阻断侵害未成年人犯罪，保护未成年人免受持续侵害具有重要意义。《关于建立侵害未成年人案件强制报告制度的意见（试行）》规定，不满 14 周岁女性未成年人怀孕、流产属于必须报告情形，相关单位和人员发现此情况的，应当立即向公安机关报案或举报。

本案中，门诊接诊医务人员未履行强制报告义务，明显属于违法行为。最终，该市卫生健康局依据调查核实的事实，对涉事门诊部、医师季某给予了相应的行政处罚。

6. 女性找工作时遭遇性别歧视，怎么办？

男女平等是我国基本国策。促进妇女平等就业，有利于推动妇女更加广泛深入参加社会和经济活动，提升社会生产力和经济活力。党和政府对此高度重视，劳动法、就业促进法、妇女权益保障法等法律法规对保障妇女平等就业权利、不得实施就业性别歧视作出明确规定。

国家依法禁止招聘环节中的就业性别歧视。各类用人单位、人力资源服务机构在拟定招聘计划、发布招聘信息、招用人员过程中，不得限定性别（国家规定的女职工禁忌劳动范围等情况除外）或性别优先，不得以性别为由限制妇女求职就业、拒绝录用妇女，不得询问妇女婚育情况，不得将妊娠测试作为入职体检项目，不得将限制生育作为录用条件，不得差别化地提高对妇女的录用标准。国有企事业单位、公共就业人才服务机构及各部门所属人力资源服务机构要带头遵法守法，坚决禁止就业性别歧视行为。

如果用人单位在招聘时存在性别歧视的，求职者可以通过拨打 12333、12338、12351 热线举报或投诉，或者依法向用人单位所在地的人民法院提起诉讼，维护自身的合法权益。

7. 拐卖妇女、儿童犯罪，会受到什么处罚？

拐卖妇女、儿童的，处 5 年以上 10 年以下有期徒刑，并处罚金；有下列情形之一的，处 10 年以上有期徒刑或者无期徒刑，并处罚金或者没收财产；情节特别严重的，处死刑，并处没收财产：（1）拐卖妇女、儿童集团的首要分子；（2）拐卖妇女、儿童 3 人以上的；（3）奸淫被拐卖的妇女的；（4）诱骗、强迫被拐卖的妇女卖淫或者将被拐卖的妇女卖给他人迫使其卖淫的；（5）以出卖为目的，使用暴力、胁迫或者麻醉方法绑架妇女、儿童的；（6）以出卖为目的，偷盗婴幼儿的；（7）造成被拐卖的妇女、儿童或者其亲属重伤、死亡或者其他严重后果的；（8）将妇女、儿童卖往境外的。

行为人只要以出卖为目的，参与实施了拐骗、绑架、收买、贩卖、接送、中转妇女、儿童等行为之一，就构成犯罪。

以案学法 29

收买被拐卖的妇女，构成犯罪吗？

【案情】村民王某以5万元从张某处将外省的杨某收买回家做“老婆”。为防止杨某逃跑，王某将杨某关在家中杂物间，并用铁链锁住杨某的双脚，将杨某的一只手锁在一块大石头上。其间，王某多次与杨某发生性关系。后杨某被公安机关解救。

【解析】我国刑法规定，不以出卖为目的，明知是被拐卖的妇女、儿童而收买，不论被拐卖的妇女、儿童是否同意被收买，只要收买关系成立，即构成收买被拐卖的妇女、儿童罪，处3年以下有期徒刑、拘役或者管制。收买被拐卖的妇女、儿童后，强行与其发生性关系，或者非法剥夺、限制其人身自由的，行为人由此所犯其他各罪与本罪实行数罪并罚。

本案中，王某收买被拐卖的妇女后非法限制其自由，多次与其发生性关系，其行为分别构成收买被拐卖的妇女罪、非法拘禁罪和强奸罪，应依法数罪并罚。最终，法院对王某以收买被拐卖的妇女罪判处有期徒刑1年6个月；以非法拘禁罪判处有期徒刑2年6个月；以强奸罪判处有期徒刑7年，决定执行有期徒刑10年。

8. 被拐之后如何自救？

（1）如果在公共场合发现受骗或受到威胁，应立即向人多的地方靠近，并大声呼救寻求帮助。

（2）如已被控制人身自由，应保持镇静，设法了解自己所处场所的地址及犯罪嫌疑人人数、口音等基本情况。

（3）设法与外界取得联系，采取写小纸条等方式向周围的人暗示自身处境，请求帮助。

（4）不断寻找机会，通过电话、短信、网络等一切可与外界联系的方式尽快报警，说明自己所在的地方，相关人员的名字、电话等。

9. 子女“常回家看看”是法定义务吗？

成年子女对父母有赡养、扶助和保护的义务。这种义务绝不仅仅局限于赡养费的给付，老年人更需要得到的是精神上的慰藉。对此，老年人权益保障法明确规定，老年人养老以居家为基础，家庭成员应当尊重、关心和照料老年人。

家庭成员应当关心老年人的精神需求，不得忽视、冷落老年人。与老年人分开居住的家庭成员，应当经常看望或者问候老年人。“常回家看看”是子女应当及时履行的法定义务。用人单位应当按照国家有关规定保障赡养人探亲休假的权利。

10. 子女能以父母晚年再婚为由，拒绝赡养吗？

赡养父母是中华民族的传统美德，也是成年子女对父母应尽的义务。根据我国法律规定，子女应当尊重父母的婚姻权利，不得干涉父母离婚、再婚以及婚后的生活。子女对父母的赡养义务，不因父母的婚姻关系变化而终止，不能以父母晚年再婚为由拒绝赡养。

成年子女应当履行对老年父母经济上供养、生活上照料和精神上慰藉的义务。成年子女不履行赡养义务的，老年父母有要求其付给赡养费等权利。干涉老年人婚姻自由，对老年人负有赡养义务而拒绝赡养，由有关单位给予批评教育；构成违反治安管理行为的，依法给予治安管理处罚；构成犯罪的，依法追究刑事责任。

11. 哪些老年人由人民政府给予救助?

国家对经济困难的老年人给予基本生活、医疗、居住或者其他救助。老年人无劳动能力、无生活来源、无赡养人和扶养人,或者其赡养人和扶养人确无赡养能力或者扶养能力的,由地方各级人民政府依照有关规定给予供养或者救助。对流浪乞讨、遭受遗弃等生活无着的老年人,由地方各级人民政府依照有关规定给予救助。

12. 什么样的人为残疾人?

残疾人是指在心理、生理、人体结构上,某种组织、功能丧失或者不正常,全部或者部分丧失以正常方式从事某种活动能力的人,包括视力残疾、听力残疾、言语残疾、肢体残疾、智力残疾、精神残疾、多重残疾和其他残疾的人。

残疾人在政治、经济、文化、社会和家庭生活等方面享有同其他公民平等的权利。残疾人的公民权利和人格尊严受法律保护。禁止基于残疾的歧视。禁止侮辱、侵害残疾人。禁止通过大众传播媒介或者其他方式贬低损害残疾人人格。

13. 残疾人劳动者可以享受哪些优惠的法律政策?

国家保障残疾人劳动的权利。各级人民政府应当对残疾人劳动就业统筹规划,为残疾人创造劳动就业条件。

残疾人劳动就业,实行集中与分散相结合的方针,采取优惠政策和扶持保护措施,通过多渠道、多层次、多种形式,使残疾人劳动就业逐步普及、稳定、合理。政府和社会举办残疾人福利企业、盲人按摩机构和其他福利性单位,集中安排残疾人就业。国家实行按比例安排残疾人就业制度。国家鼓励和扶持残疾人自主择业、自主创业。

国家对从事个体经营的残疾人,依法给予税收优惠,并在生产、经营、技术、资金、物资、场地等方面给予扶持。对申请从事个体经营的残疾人,有关部门应当优先核发营业执照。对从事个体经营的残疾人，免除行政事业性收费。对从事各类生产劳动的农村残疾人，有关部门应当在生产服务、技术指导、农用物资供应、农副产品购销和信贷等方面，给予帮助。

14. 如何申请残疾人两项补贴?

残疾人两项补贴是党和国家为解决残疾人特殊生活困难和长期照护困难而实施的一项残疾人福利保障政策，主要包括困难残疾人生活补贴和重度残疾人护理补贴。其中，困难残疾人生活补贴的补贴对象为低保家庭中的残疾人，有条件的地方可逐步扩大到低收入残疾人及其他困难残疾人；重度残疾人护理补贴的补贴对象为残疾等级被评定为一级、二级且需要长期照护的重度残疾人，有条件的地方可扩大到非重度智力、精神残疾人或其他残疾人。

符合条件的残疾人，可同时申领困难残疾人生活补贴和重度残疾人护理补贴。既符合残疾人两项补贴条件，又符合老年、因公致残、离休等福利性生活补贴（津贴）、护理补贴（津贴）条件的残疾人，可择高申领其中一类生活补贴（津贴）、护理补贴（津贴）。享受孤儿基本生活保障政策的残疾儿童不享受困难残疾人生活补贴，可享受重度残疾人护理补贴。残疾人两项补贴不计入城乡最低生活保障家庭的收入。领取工伤保险生活护理费、纳入特困人员供养保障的残疾人不享受残疾人两项补贴。

申请残疾人两项补贴应持有第二代中华人民共和国残疾人证，并提交相关证明材料。当前，残疾人两项补贴实现了“跨省通办”和“全程网办”，残疾人可在异地通过登录国家政务服务平台、民政一体化政务服务平台及其移动端“民政通”等终端在线申请残疾人两项补贴。其中，“民政通”可以通过手机微信、支付宝、百度 APP 搜索访问。

15. 如何申请低保?

国家对共同生活的家庭成员人均收入低于当地最低生活保障标准，且符合当地最低生活保障家庭财产状况规定的家庭，给予最低生活保障。

申请最低生活保障，按照下列程序办理：

（1）由共同生活的家庭成员向户籍所在地的乡镇人民政府、街道办事处提出书面申请；家庭成员申请有困难的，可以委托村民委员会、居民委员会代为提出申请。

（2）乡镇人民政府、街道办事处应当通过入户调查、邻里访问、信函索证、群众评议、信息核查等方式，对申请人的家庭收入状况、财产状况进行调查核实，提出初审意见，在申请人所在村、社区公示后报县级人民政府民政部门审批。

（3）县级人民政府民政部门经审查，对符合条件的申请予以批准，并在申请人所在村、社区公布；对不符合条件的申请不予批准，并书面向申请人说明理由。

16. 如何申请特困人员救助供养？

国家对无劳动能力、无生活来源且无法定赡养、抚养、扶养义务人，或者其法定赡养、抚养、扶养义务人无赡养、抚养、扶养能力的老年人、残疾人以及未满 16 周岁的未成年人，给予特困人员供养。

特困人员供养的内容包括：提供基本生活条件；对生活不能自理的给予照料；提供疾病治疗；办理丧葬事宜。

申请特困人员救助供养，由本人向户籍所在地的乡镇人民政府提出书面申请，按规定提交相关材料，书面说明劳动能力、生活来源以及赡养、抚养、扶养情况。本人申请有困难的，可以委托村民委员会或者他人代为提出申请。

特定群体保护 扫码答题

消费者权益保护

经营者有哪些义务

1. 因商场地面湿滑摔伤，可否要求商场赔偿?

宾馆、商场、餐馆、银行、机场、车站、港口、影剧院等经营场所的经营者，应当对消费者尽到安全保障义务。经营者对消费者未尽到安全保障义务，造成消费者损害的，应当承担侵权责任。

商场作为经营场所，有责任为顾客提供安全的购物环境。地面湿滑容易引起滑倒，给顾客带来很大的安全隐患，如造成了人身损害后果，需要承担相应的赔偿责任。同时，顾客也应尽到基本的出行安全谨慎义务，否则对自身滑倒受伤的损害后果也具有相应的过错，需要承担一定比例的责任。

2. 哪些商品不适用七天无理由退货?

根据消费者权益保护法的规定，经营者采用网络、电视、电话、邮购等方式销售商品，消费者有权自收到商品之日起 7 日内退货，且不需要说明理由，但下列商品除外：（1）消费者定作的；（2）鲜活易腐的；（3）在线下载或者消费者拆封的音像制品、计算机软件等数字化商品；（4）交付的报纸、期刊。除上述所列商品外，其他根据商品性质并经消费者在购买时确认不宜退货的商品，不适用无理由退货。

消费者退货的商品应当完好。经营者应当自收到退回商品之日起 7 日内返还消费者支付的商品价款。七天无理由退货，退回商品的运费由消费者承担；经营者和消费者另有约定的，按照约定。

以案学法 30

购买的产品质量不合格，该怎么办？

【案情】朱某因购买的品牌组装电脑主机是否通过国家强制性3C认证，与销售者某科技有限公司产生纠纷，提起诉讼，要求退货。

法院认定：经营者销售前承诺产品已通过国家强制性3C认证，但实际发出的非品牌组装电脑主机未获得国家强制性3C认证证书，且电脑主机经鉴定质量不合格。

【解析】本案中，涉案组装电脑主机依法属于3C目录内产品，未经认证不得销售。商家在销售前承诺其销售的组装电脑主机已通过3C认证，却将无3C认证证书且质量不合格的组装电脑主机出售给朱某，其行为已构成欺诈。朱某可以依据消费者权益保护法的规定，请求法院判令商家“退一赔三”，退货的同时，支付该商品价款3倍的赔偿。但本案中朱某仅要求退货，法院支持了朱某的诉讼请求。

3. 因吹风机自燃受伤，可以找谁赔偿？

因产品存在缺陷造成他人损害的，被侵权人可以向产品的生产者请求赔偿，也可以向产品的销售者请求赔偿。产品缺陷由生产者造成的，销售者赔偿后，有权向生产者追偿。因销售者的过错使产品存在缺陷的，生产者赔偿后，有权向销售者追偿。

吹风机自燃致人损害，说明该吹风机存在质量缺陷，属于缺陷产品致人损害情形，应当适用上述产品责任制度。被侵权人既可以要求生产厂家承担侵权损害赔偿责任，也可以要求销售者承担侵权损害赔偿责任。销售者赔偿后，如果能证明产品的缺陷是由生产厂家造成，自身对此不存在过错，则可以向生产厂家追偿。同理，生产厂家赔偿后，如果能证明销售者对产品缺陷的产生存在过错，则可以在该过错范围内向销售者追偿。

4. 婚礼录像被婚庆公司不慎遗失，能索要精神损害赔偿吗？

侵害自然人人身权益造成严重精神损害的，被侵权人有权请求精神损害赔偿。因故意或者重大过失侵害自然人具有人身意义的特定物造成严重精神损害的，被侵权人有权请求精神损害赔偿。实践中主要涉及的物品类型为：（1）与近亲属死者相关的特定纪念物品，如遗像、墓碑、骨灰盒、遗物等；（2）与结婚礼仪相关的特定纪念物品，如录像、照片等；（3）与家族祖先相关的特定纪念物品，如祖坟、族谱、祠堂等。

新人的婚礼录像资料具有重大的情感价值和一定的人格象征意义，是无法补救、不可替代的特种纪念品。婚庆公司因自己的过失导致婚礼录像永久丢失，会给新人造成严重的精神损害，因此，新人有权要求婚庆公司赔偿精神损害抚慰金。

5. 展销会上购买的商品出现质量问题，找谁赔？

消费者在展销会、租赁柜台购买商品或者接受服务，其合法权益受到损害的，可以向销售者或者服务者要求赔偿。展销会结束或者柜台租赁期满后，也可以向展销会的举办者、柜台的出租者要求赔偿。展销会的举办者、柜台的出租者赔偿后，有权向销售者或者服务者追偿。

6. 饭馆能以没利润为由，不给客人开发票吗？

经营者为消费者出具发票是其法定义务。经营者提供商品或者服务，应当按照国家有关规定或者商业惯例向消费者出具发票等购货凭证或者服务单据；消费者索要发票等购货凭证或者服务单据的，经营者必须出具。

不管消费者购买的是高价的还是低价的商品或服务，只要有消费行为发生，出售方都应依法开具发票，不得以任何理由拒开，否则消费者可以向税务部门举报。此外，消费者在消费时应当有保存证据的意识，注意索取发票等凭证，以免发生纠纷时影响维权。

7. 超市保安能对顾客强行搜身吗?

公民的人身自由不受侵犯，禁止非法搜查公民的身体。消费者权益保护法明确规定，经营者不得对消费者进行侮辱、诽谤，不得搜查消费者的身体及其携带的物品，不得侵犯消费者的人身自由。

超市保安在任何情况下都不得对顾客搜身。如果怀疑顾客偷盗，有证据证明，可以报警解决。如果强行搜身，会侵犯消费者的人身自由和人格尊严。公民因人格权遭受侵害，可以向人民法院起诉请求精神损害赔偿。

8. 消费者权益被侵犯，可以通过哪些途径解决?

根据消费者权益保护法的规定，发生消费者权益争议的，可以通过下列途径解决：（1）与经营者协商和解；（2）请求消费者协会或者依法成立的其他调解组织调解；（3）向有关行政部门投诉；（4）根据与经营者达成的仲裁协议提请仲裁机构仲裁；（5）向人民法院提起诉讼。

此外，消费者维权时应注意以下事项：（1）必须有足够的投诉材料作为证据，包括购货发票或购货凭证，如有双方交涉的书面材料或有关部门的质量鉴定更好；（2）保留现场，如因商品质量、服务质量导致人身、财产损害，要保护好事发现场，可拍照、录像，请人作证等；（3）收集或索要商家相关信息，以保证能够第一时间找到对方；（4）若与商家交涉不成，应马上向市场监督管理部门投诉，不要拖过了“三包”期限；（5）有争议的质量问题最好与商家一起到有关部门检测鉴定；（6）索赔要求要合理，投诉切不可夸大或隐瞒事实。

消费者权益保护 扫码答题

农药及种子安全与保护

1. 什么是假农药、劣质农药?

有下列情形之一的，认定为假农药：（1）以非农药冒充农药；（2）以此种农药冒充他种农药；（3）农药所含有效成分种类与农药的标签、说明书标注的有效成分不符。禁用的农药，未依法取得农药登记证而生产、进口的农药，以及未附具标签的农药，按照假农药处理。

有下列情形之一的，认定为劣质农药：（1）不符合农药产品质量标准；（2）混有导致药害等有害成分。超过农药质量保证期的农药，按照劣质农药处理。

2. 禁止（停止）使用的农药有哪些?

六六六、滴滴涕、毒杀芬、二溴氯丙烷、杀虫脒、二溴乙烷、除草醚、艾氏剂、狄氏剂、汞制剂、砷类、铅类、敌枯双、氟乙酰胺、甘氟、毒鼠强、氟乙酸钠、毒鼠硅、甲胺磷、对硫磷、甲基对硫磷、久效磷、磷胺、氯丹、灭蚁灵、六氯苯、苯线磷、地虫硫磷、甲基硫环磷、磷化钙、磷化镁、磷化锌、硫线磷、蝇毒磷、治螟磷、特丁硫磷、氯磺隆、胺苯磺隆、甲磺隆、福美胂、福美甲胂、三氯杀螨醇、林丹、硫丹、溴甲烷、氟虫胺、杀扑磷、百草枯、2,4-滴丁酯、甲拌磷、甲基异柳磷、水胺硫磷、灭线磷。

注：2,4-滴丁酯自2023年1月23日起禁止使用。溴甲烷可用于“检疫熏蒸梳理”。杀扑磷已无制剂登记。甲拌磷、甲基异柳磷、水胺硫磷、灭线磷，自2024年9月1日起禁止销售和使用。

3. 在部分作物上禁止使用的农药有哪些?

甲拌磷、甲基异柳磷、克百威、水胺硫磷、氧乐果、灭多威、涕灭威、灭线磷、甲拌磷、甲基异柳磷、克百威、内吸磷、硫环磷、氯唑磷、乙酰甲胺磷、丁硫克百威、乐果、毒死蜱、三唑磷、丁酰肼（比久）、氰戊菊酯、氟虫腈、氟苯虫酰胺。

4. 使用农药应注意哪些事项?

（1）遵守国家有关农药安全、合理使用制度，妥善保管农药，并在配药、用药过程中采取必要的防护措施，避免发生农药使用事故。

（2）严格按照农药的标签标注的使用范围、使用方法和剂量、使用技术要求和注意事项使用农药，不得扩大使用范围、加大用药剂量或者改变使用方法。

（3）不得使用禁用的农药。

（4）标签标注安全间隔期的农药，在农产品收获前应当按照安全间隔期的要求停止使用。

（5）剧毒、高毒农药不得用于防治卫生害虫，不得用于蔬菜、瓜果、茶叶、菌类、中草药材的生产，不得用于水生植物的病虫害防治。

（6）保护环境，保护有益生物和珍稀物种，不得在饮用水水源保护区、河道内丢弃农药、农药包装物或者清洗施药器械。

（7）严禁在饮用水水源保护区内使用农药，严禁使用农药毒鱼、虾、鸟、兽等。

（8）妥善收集农药包装物等废弃物。

以案学法 31

违法使用禁用的农药有什么法律后果?

【案情】某区农业农村局执法人员在对周某蔬菜大棚种植的大白菜和芹菜

进行抽检时，检出使用了禁止使用的农药氟虫胺。

【解析】农药是农业种植过程中不可缺少的一种生产资料。但是，一些毒性高、残留时间长的农药，被国家明令禁止或者限制使用。在食用农产品上违法使用禁用、限用农药，轻则受行政处罚，重则构成犯罪，将被依法追究刑事责任。为了更好地保障公众生命健康，2019 年 3 月 25 日，农业农村部发布公告，决定自 2020 年 1 月 1 日起，禁止使用含氟虫胺成分的农药产品。

本案中，周某使用国家禁止使用的农药氟虫胺防治虫害，违反了《农药管理条例》的相关规定，某区农业农村局责令周某铲除所有使用过农药氟虫胺的蔬菜，并处罚款 2000 元。

5. 不按标签标注的使用范围使用农药，如何处罚?

农药使用者不按照农药的标签标注的使用范围、使用方法和剂量、使用技术要求和注意事项、安全间隔期使用农药的，由县级人民政府农业主管部门责令改正，农药使用者为农产品生产企业、食品和食用农产品仓储企业、专业化病虫害防治服务组织和从事农产品生产的农民专业合作社等单位的，处 5 万元以上 10 万元以下罚款，农药使用者为个人的，处 1 万元以下罚款；构成犯罪的，依法追究刑事责任。

6. 发生农药使用事故，如何处理?

发生农药使用事故，农药使用者、农药生产企业、农药经营者和其他有关人员应当及时报告当地农业主管部门。接到报告的农业主管部门应当立即采取措施，防止事故扩大，同时通知有关部门采取相应措施。

造成农药中毒事故的，由农业主管部门和公安机关依照职责权限组织调查处理，卫生主管部门应当按照国家有关规定立即对受到伤害的人员组织医疗救治；造成环境污染事故的，由环境保护等有关部门依法组织调查处理；造成储粮药剂使用事故和农作物药害事故的，分别由粮食、农业等部门组织技术鉴定和调查处理。

7. 什么样的种子是假种子、劣种子？

下列种子为假种子：（1）以非种子冒充种子或者以此种品种种子冒充其他品种种子的；（2）种子种类、品种与标签标注的内容不符或者没有标签的。

下列种子为劣种子：（1）质量低于国家规定标准的；（2）质量低于标签标注指标的；（3）带有国家规定的检疫性有害生物的。

8. 怀疑买到假劣种子，经销商不认账怎么办？

怀疑买到假劣种子，与经销商协商不成，应该第一时间固定证据，拿起法律武器捍卫自身合法权益。可以向当地公安机关、市场监督管理部门、农业农村主管部门、公证机构等反映情况、寻求帮助，并依照法定程序申请鉴定或者证据保全。如果确系假劣种子，村民不仅可以协助有关部门追究相关生产经营者的行政甚至刑事责任，还可以通过司法途径获得赔偿。

9. 假劣种子导致粮食减产，如何索赔？

因种子质量问题或者因种子的标签和使用说明标注的内容不真实，遭受损失的，种子使用者可以向出售种子的经营者要求赔偿，也可以向种子生产者或者其他经营者要求赔偿。

赔偿额包括购种价款、可得利益损失和其他损失。属于种子生产者或者其他经营者责任的，出售种子的经营者赔偿后，有权向种子生产者或者其他经营者追偿；属于出售种子的经营者责任的，种子生产者或者其他经营者赔偿后，有权向出售种子的经营者追偿。

10. 植物新品种权被侵犯，如何救济？

植物新品种，是指经过人工培育的或者对发现的野生植物加以开发，具备新颖性、特异性、一致性和稳定性并有适当命名的植物品种。植物新品种权的保护范围是繁殖材料。未经品种权人许可，生产、繁殖或者销售授权品种的繁殖材料，或者为商业目的将授权品种的繁殖材料重复使用于生产另一品种的繁殖材料的，人民法院应当认定为侵害植物新品种权。

有侵犯植物新品种权行为的，由当事人协商解决，不愿协商或者协商不成的，植物新品种权所有人或者利害关系人可以请求县级以上人民政府农业农村、林业草原主管部门进行处理，也可以直接向人民法院提起诉讼。

县级以上人民政府农业农村、林业草原主管部门，根据当事人自愿的原则，对侵犯植物新品种权所造成的损害赔偿可以进行调解。调解达成协议的，当事人应当履行；当事人不履行协议或者调解未达成协议的，植物新品种权所有人或者利害关系人可以依法向人民法院提起诉讼。

11. 购买种子时该注意些什么？

（1）看清种子经营者的资质，必须是悬挂营业执照正规门店，且最好在当地有一定口碑，如果通过网络渠道购买，尽量选择正规平台，并查看商家的营业执照。

（2）看好种子包装标签，是否正规包装、有无二次封口痕迹，有无必须标注的通用信息，包括作物种类、品种名称、种子类别、净含量、生产日期、质量指标，生产商企业的名称、地址、联系方式，种子生产经营许可证编号、检疫证明编号等，不要购买没有包装的散装种子和拆装零售种子。

（3）细看种子的使用说明，正规种子都会清晰介绍品种主要性状、主要栽培措施、适应性、风险提示、咨询服务信息等。

（4）多观察种子的外观，优质的种子籽粒大小一致、外观整齐、饱满充实，颜色一致有光泽感，而劣质的种子外观参差不齐，籽粒干瘪、暗淡、颜色差别大。

农药及种子安全与保护 扫码答题

野生动植物保护

1. 可以捕杀破坏庄稼的野猪吗？

根据《国家保护的有益的或者有重要经济、科学研究价值的陆生野生动物名录》的规定，野猪属于“三有”保护动物，即野生动物保护法中有重要生态、科学、社会价值的陆生野生动物。

任何组织和个人都有保护野生动物及其栖息地的义务。禁止违法猎捕野生动物、破坏野生动物栖息地。私自捕杀野猪是违法行为，根据我国相关法律规定，情节严重的甚至会处以 10 年以上有期徒刑。

如果野猪泛滥成灾，严重影响农业生产甚至村民安全，村民可以向政府有关部门申请结合实际对野猪进行驱逐或是合理猎捕，但无权擅自捕杀。

2. 野鸡毁坏庄稼，谁买单？

根据野生动物保护法的相关规定，因保护本法规定保护的野生动物，造成人员伤亡、农作物或者其他财产损失的，由当地人民政府给予补偿。其中“本法规定保护的野生动物”主要包括以下几种：（1）国家重点保护的野生动物，即国家一级和二级保护野生动物；（2）地方重点保护野生动物，指国家重点保护野生动物以外，由省、自治区、直辖市重点保护的野生动物；（3）有重要生态、科学、社会价值的陆生野生动物，即“三有”保护动物。

野鸡属于“三有”保护动物，受国家保护。如果庄稼被野鸡毁坏，一般可以向村干部反映问题，再由村干部逐级向乡、镇、县、市政府野生动物保护管理部门报告，正常情况下会由市或县野生动物保护部门根据实际情况进行合理捕捉，并对其造成的损失给予评估和补偿。

3. 违法捕鱼行为有哪些？

根据渔业法等相关法律规定，以下捕捞行为属于违法行为：（1）使用炸鱼、毒鱼、电鱼等破坏渔业资源的方法进行捕捞；（2）使用禁用的渔具、捕捞方法进行捕捞；（3）在禁渔区、禁渔期进行捕捞；（4）在禁渔区或者禁渔期内销售非法捕捞的渔获物；（5）收购、加工、销售在长江流域禁捕水域非法捕捞的渔获物；（6）使用小于最小网目尺寸的网具进行捕捞；（7）捕捞的渔获物中幼鱼超过规定的比例；（8）制造、销售禁用的渔具；（9）未依法取得捕捞许可证擅自进行捕捞；（10）违反捕捞许可证关于作业类型、场所、时限和渔具数量的规定进行捕捞；（11）未经国务院渔业行政主管部门或者省、自治区、直辖市人民政府渔业行政主管部门批准，捕捞有重要经济价值的水生动物苗种；（12）其他违反渔业捕捞管理法律法规的行为。

以上行为要坚决抵制，违法捕鱼，轻则没收渔获物和违法所得，处以罚款；重则构成犯罪，将依法追究刑事责任。

4. 哪些行为属于违规垂钓？

根据农业农村部门相关要求，应对垂钓行为进行以下规范：

（1）禁止多线多钩、长线多钩、单线多钩等对水生生物资源破坏较大的钓具钓法，原则上只允许一人一杆、一线、一钩（单钩）；

（2）禁止使用禁用钓具、各类探鱼设备和视频装置；

（3）禁止使用船艇、排筏等水上漂浮物进行垂钓；

（4）禁止使用含有毒有害物质的钓饵、窝料和添加剂及鱼虾类活体水生生物饵料；

（5）开展休闲垂钓误捕误钓小于最低可捕标准的幼体及禁捕品种，必须及时放回原水体（外来入侵物种除外）；

（6）禁止休闲垂钓渔获物买卖交易，有交易行为的视同非法捕捞。

5. 禁止使用的猎捕工具和方法有哪些？

禁止使用毒药、爆炸物、电击或者电子诱捕装置以及猎套、猎夹、地枪、排铳等工具进行猎捕，禁止使用夜间照明行猎、歼灭性围猎、捣毁巢穴、火攻、烟熏、网捕等方法进行猎捕，但因科学研究确需网捕、电子诱捕的除外。上述规定以外的禁止使用的猎捕工具和方法，由县级以上地方人民政府规定并公布。

6. 可以在家里养画眉、麻雀吗？

大部分野生动物需要取得国家相关许可证才可以养殖，在未依法取得国家相关许可证的情况下，非法收购、运输、出售珍贵、濒危野生动物，可能构成非法收购、运输、出售珍贵、濒危野生动物罪。

2021 年 2 月 5 日，《国家重点保护野生动物名录》大幅修订后，画眉、鹩哥、蒙古百灵、红嘴相思鸟、红胁绣眼鸟、红喉歌鸲等十余种在我国有着传统笼养历史的野生鸟类晋级为国家重点保护野生动物，不再能家养。如果之前在养，目前家里有画眉，需要联系相关野生动物救助机构，交由其进行野化放归。

而常见的麻雀，虽然不是国家重点保护动物，但是属于“三有”保护动物，人工饲养需要办理野生动物驯养繁殖许可。

7. 采集国家保护的野生植物需要办理什么手续?

国家保护野生植物及其生长环境。禁止任何单位和个人非法采集野生植物或者破坏其生长环境。

（1）采集国家一级保护野生植物的，应当按照管理权限向国务院林业行政主管部门或者其授权的机构申请采集证；或者向采集地的省、自治区、直辖市人民政府农业行政主管部门或者其授权的机构申请采集证。

（2）采集国家二级保护野生植物的，必须经采集地的县级人民政府野生植物行政主管部门签署意见后，向省、自治区、直辖市人民政府野生植物行政主管部门或者其授权的机构申请采集证。

（3）采集城市园林或者风景名胜区内的国家一级或者二级保护野生植物的，须先征得城市园林或者风景名胜区管理机构同意，分别依照上述（1）（2）的规定申请采集证。

野生植物行政主管部门发放采集证后，应当抄送环境保护部门备案。采集国家重点保护野生植物的单位和个人，必须按照采集证规定的种类、数量、地点、期限和方法进行采集。

以案学法 32

采挖野生兰花，违法吗?

【案情】2021 年 12 月 2 日，张某同几个朋友前往某山场采挖冬笋。张某在山场发现了野生兰花，在未办理采集证的情况下，擅自使用随身携带的锄头采挖野生兰花 11 株，带回家用花盆栽种，后被人发现并举报到县林业局。2022 年 2 月 15 日，县林业局将该案相关材料移送县公安局。经鉴定，张某采挖的野生兰花为春兰，属于国家二级重点保护野生植物。

【解析】野生植物是重要的自然资源、生态资源。我国野生植物保护条例明确规定，禁止采集、出售和收购国家一级保护野生植物，国家二级保护野生植物的采集、出售和收购，须经相关部门批准。任何单位和个人都有保护野生植物资源的义务，对侵占或者破坏野生植物及其生长环境的行为有权检举和控告。如果未取得采集证或者未按照采集证的规定采集了《国家重点保护野生植物名录》中的植物，可能会面临最高7年有期徒刑的刑事处罚。

2021年9月7日，国家林业和草原局、农业农村部正式发布新版《国家重点保护野生植物名录》，新增野生植物268种和32类，除兔耳兰外所有野生兰花属均被列入该名录。本案中，张某没有采集证，非法采挖属于国家二级重点保护野生植物的春兰，其行为已构成危害国家重点保护植物罪。鉴于被告人具有自首、自愿认罪认罚的情节且尚未造成春兰损毁，法院决定对其从轻处罚，判处张某管制5个月，并处罚金1000元，没收扣押在案的野生春兰11株。

日常生活中，个人或集体在野外、山上遇到自己不认识的野生植物，千万不要随意采挖，以防触犯法律。

野生动植物保护 扫码答题

劳动权益保护

1. 单位不签劳动合同，有什么法律后果？

建立劳动关系，应当订立书面劳动合同。已建立劳动关系，未同时订立书面劳动合同的，应当自用工之日起1个月内订立书面劳动合同。用人单位与劳动者在用工前订立劳动合同的，劳动关系自用工之日起建立。用人单位自用工之日起超过1个月不满1年未与劳动者订立书面劳动合同的，应当向劳动者每月支付 2 倍的工资。用人单位自用工之日起满 1 年不与劳动者订立书面劳动合同的，视为用人单位与劳动者已订立无固定期限劳动合同。

2. 没签劳动合同，劳动关系存在吗？

用人单位招用劳动者未订立书面劳动合同，但同时具备下列情形的，劳动关系成立：（1）用人单位和劳动者符合法律、法规规定的主体资格；（2）用人单位依法制定的各项劳动规章制度适用于劳动者，劳动者受用人单位的劳动管理，从事用人单位安排的有报酬的劳动；（3）劳动者提供的劳动是用人单位业务的组成部分。

用人单位未与劳动者签订劳动合同，认定双方存在劳动关系时可参照下列凭证：（1）工资支付凭证或记录（职工工资发放花名册）、缴纳各项社会保险费的记录；（2）用人单位向劳动者发放的“工作证”“服务证”等能够证明身份的证件；（3）劳动者填写的用人单位招工招聘“登记表”“报名表”等招用记录；（4）考勤记录；（5）其他劳动者的证言等。其中，（1）（3）（4）项的有关凭证由用人单位负举证责任。

3. 试用期最长期限是多长？

劳动合同期限 3 个月以上不满 1 年的，试用期不得超过 1 个月；劳动合同期限 1 年以上不满 3 年的，试用期不得超过 2 个月；3 年以上固定期限和无固定期限的劳动合同，试用期不得超过 6 个月。同一用人单位与同一劳动者只能约定一次试用期。以完成一定工作任务为期限的劳动合同或者劳动合同期限不满 3 个月的，不得约定试用期。试用期包含在劳动合同期限内。劳动合同仅约定试用期的，试用期不成立，该期限为劳动合同期限。

劳动者在试用期的工资不得低于本单位相同岗位最低档工资或者劳动合同约定工资的 80%，并不得低于用人单位所在地的最低工资标准。

4. 加班不发加班费只调休，是否合法？

国家实行劳动者每日工作时间不超过 8 小时、平均每周工作时间不超过 44 小时的工时制度。用人单位应当保证劳动者每周至少休息 1 日。用人单位应当按照下列标准支付高于劳动者正常工作时间工资的工资报酬：（1）安排劳动者延长工作时间的，支付不低于工资的 150% 的工资报酬；（2）休息日安排劳动者工作又不能安排补休的，支付不低于工资的 200% 的工资报酬；（3）法定休假日安排劳动者工作的，支付不低于工资的 300% 的工资报酬。

加班安排调休不发加班费是否合法，应分情况讨论：（1）休息日安排劳动者工作但是能够安排调休的，可以不支付加班费；（2）安排劳动者延长工作时间或者法定节假日工作的，应该无条件支付加班费，并非安排补休就可以不予支付该部分加班费。

5. 遭遇职场性骚扰，可以追究公司的责任吗？

违背他人意愿，以言语、文字、图像、肢体行为等方式对他人实施性骚扰的，受害人有权依法请求行为人承担民事责任。考虑到职场性骚扰中的加害者与受害人在地位上往往具有不平等性，法律特别规定了用人单位预防和制止职场性骚扰的义务和责任，即“采取合理的预防、受理投诉、调查处置等措施，防止和制止利用职权、从属关系等实施性骚扰”。如果劳动者所在公司怠于履行法定义务，则劳动者有权追究公司的民事责任。

遭遇性骚扰，一定要敢于说“不”，防止性骚扰升级或再次被骚扰，要注意保留证据，采用诉讼等方式依法维权。

6. 劳动者如何解除与单位的劳动合同？

劳动者提前 30 日以书面形式通知用人单位，可以解除劳动合同。劳动者在试用期内提前 3 日通知用人单位，可以解除劳动合同。

用人单位有下列情形之一的，劳动者可以单方解除劳动合同：（1）未按照劳动合同约定提供劳动保护或者劳动条件的；（2）未及时足额支付劳动报酬的；（3）未依法为劳动者缴纳社会保险费的；（4）用人单位的规章制度违反法律、法规的规定，损害劳动者权益的；（5）因法定情形致使劳动合同无效的；（6）法律、行政法规规定劳动者可以解除劳动合同的其他情形。

用人单位以暴力、威胁或者非法限制人身自由的手段强迫劳动者劳动的，或者用人单位违章指挥、强令冒险作业危及劳动者人身安全的，劳动者可以立即解除劳动合同，不需事先告知用人单位。

以案学法 33

员工自愿放弃社保的声明有效吗？

【案情】杨某与某物业公司签订临时聘用协议，约定劳动合同期限1年、薪酬每月2000元等。为了尽快上岗，杨某出具了《自愿放弃购买社会保险承诺书》。后杨某以公司未依法为其缴纳社保为由解除劳动合同，要求公司补缴社会保险。但公司认为杨某系自愿放弃缴纳社保，拒绝为其补缴社保。

【解析】依法为劳动者缴纳社会保险费是用人单位的法定义务，用人单位与劳动者订立的自愿放弃要求用人单位缴纳社会保险费的合同或协议，以及劳动者主动出具的自愿放弃要求用人单位缴纳社会保险费的承诺，因违反法律、行政法规的强制性规定都是无效的。

本案中，杨某有权以公司未依法为其缴纳社保为由解除劳动合同，要求其补缴社保，并支付经济补偿。经济补偿按其工作年限，每满1年支付1个月工资的标准支付。工作6个月以上不满1年，按1年计算；工作不满6个月，支付半个月工资的经济补偿。

7. 劳动者存在哪些情形，单位可以单方解除劳动合同？

劳动者有下列情形之一的，用人单位可以解除劳动合同：（1）在试用期间被证明不符合录用条件的；（2）严重违反用人单位的规章制度的；（3）严重失职，营私舞弊，给用人单位造成重大损害的；（4）劳动者同时与其他用人单位建立劳动关系，对完成本单位的工作任务造成严重影响，或者经用人单位提出，拒不改正的；（5）因法定情形致使劳动合同无效的；（6）被依法追究刑事责任的。

8. 劳动者无过失，哪些情况下用人单位可以依法解除劳动合同？

有下列情形之一的，用人单位提前 30 日以书面形式通知劳动者本人或者额外支付劳动者 1 个月工资后，可以解除劳动合同：（1）劳动者患病或者非因工负伤，在规定的医疗期满后不能从事原工作，也不能从事由用人单位另行安排的工作的；（2）劳动者不能胜任工作，经过培训或者调整工作岗位，仍不能胜任工作的；（3）劳动合同订立时所依据的客观情况发生重大变化，致使劳动合同无法履行，经用人单位与劳动者协商，未能就变更劳动合同内容达成协议的。

9. 公司可以随意进行经济性裁员吗？

不可以。有下列情形之一，需要裁减人员 20 人以上或者裁减不足 20 人但占企业职工总数 10% 以上的，用人单位提前 30 日向工会或者全体职工说明情况，听取工会或者职工的意见后，裁减人员方案经向劳动行政部门报告，可以裁减人员：（1）依照企业破产法规定进行重整的；（2）生产经营发生严重困难的；（3）企业转产、重大技术革新或者经营方式调整，经变更劳动合同后，仍需裁减人员的；（4）其他因劳动合同订立时所依据的客观经济情况发生重大变化，致使劳动合同无法履行的。

10. 用人单位不得解除劳动合同的情形有哪些？

劳动者有下列情形之一的，用人单位不得依照无过失性辞退和经济性裁员的规定解除劳动合同：（1）从事接触职业病危害作业的劳动者未进行离岗前职业健康检查，或者疑似职业病病人在诊断或者医学观察期间；（2）在本单位患职业病或者因工负伤并被确认丧失或者部分丧失劳动能力；（3）患病或者非因工负伤，在规定的医疗期内；（4）女职工在孕期、产期、哺乳期；（5）在本单位连续工作满 15 年，且距法定退休年龄不足 5 年；（6）法律、行政法规规定的其他情形。

11. 发生劳动争议应当如何解决?

哪些劳动争议可以申请劳动监察

发生劳动争议，当事人可以依法申请调解、仲裁、提起诉讼，也可以协商解决。当事人不愿协商、协商不成或者达成和解协议后不履行的，可以向调解组织申请调解；不愿调解、调解不成或者达成调解协议后不履行的，可以向劳动争议仲裁委员会申请仲裁；对裁决不服的，除小额仲裁和标准明确的仲裁一裁终局，可以向法院起诉。

12. 农民工遭遇欠薪，如何维权?

农民工遭遇欠薪时，如无法协商解决，根据情况可合理选择以下维权途径：

（1）向相关调解组织申请调解。达成调解协议，用人单位不履行的，可以持调解协议书向法院申请支付令。

（2）向劳动保障监察机构投诉、举报。

（3）向劳动争议仲裁机构申请仲裁，要求支付工资。如果以工资被拖欠为由提出解除劳动关系，还可以要求用人单位支付经济补偿金。

（4）向法院申请支付令或起诉。在证据确凿的情况下可申请支付令；在有工资欠条的情况下，可以不必经过劳动仲裁程序，直接向法院起诉。

工资被拖欠，可拨打以下维权电话：人力资源和社会保障服务热线 12333；公共法律服务热线 12348；职工服务热线 12351。

13. 哪些情形属于工伤？

职工有下列情形之一的，应当认定为工伤：（1）在工作时间和工作场所内，因工作原因受到事故伤害的；（2）工作时间前后在工作场所内，从事与工作有关的预备性或者收尾性工作受到事故伤害的；（3）在工作时间和工作场所内，因履行工作职责受到暴力等意外伤害的；（4）患职业病的；（5）因工外出期间，由于工作原因受到伤害或者发生事故下落不明的；（6）在上下班途中，受到非本人主要责任的交通事故或者城市轨道交通、客运轮渡、火车事故伤害的；（7）法律、行政法规规定应当认定为工伤的其他情形。

职工有下列情形之一的，视同工伤：（1）在工作时间和工作岗位，突发疾病死亡或者在 48 小时之内经抢救无效死亡的；（2）在抢险救灾等维护国家利益、公共利益活动中受到伤害的；（3）职工原在军队服役，因战、因公负伤致残，已取得革命伤残军人证，到用人单位后旧伤复发的。职工有前两项情形的，按照有关规定享受工伤保险待遇；职工有第三项情形的，按照享受除一次性伤残补助金以外的工伤保险待遇。

14. 如何申请工伤认定？

（1）申请主体与申请时限。职工发生事故伤害或者按照职业病防治法规定被诊断鉴定为职业病，所在单位应当自事故伤害发生之日或者被诊断、鉴定为职业病之日 30 日内，向统筹地区社会保险行政部门提出工伤认定申请。用人单位未按上述规定提出工伤认定申请的，工伤职工或者其近亲属、工会组织在事故伤害发生之日或者被诊断、鉴定为职业病之日起 1 年内，可以直接向用人单位所在地统筹地区社会保险行政部门提出工伤认定申请。

（2）申请材料。主要包括工伤认定申请表、与用人单位存在劳动关系（包括事实劳动关系）的证明材料、医疗诊断证明或者职业病诊断证明书（或者职业病诊断鉴定书）等。

（3）办理流程。社会保险行政部门收到工伤认定申请后，应当在 15 日内对申请人提交的材料进行审核，材料完整的，作出受理或者不予受理的决定；材料不完整的，应当以书面形式一次性告知申请人需要补正的全部材料。社会保险行政部门收到申请人提交的全部补正材料后，应当在15日内作出受理或者不予受理的决定。社会保险行政部门决定受理的，应当出具《工伤认定申请受理决定书》；决定不予受理的，应当出具《工伤认定申请不予受理决定书》。社会保险行政部门应当自受理工伤认定申请之日起60日内作出工伤认定的决定，并书面通知申请工伤认定的职工或者其近亲属和该职工所在单位。社会保险行政部门对受理的事实清楚、权利义务明确的工伤认定申请，应当在15日内作出工伤认定的决定。

15. 因工伤发生的费用，怎么支付?

因工伤发生的费用，从工伤保险基金中支付的有：（1）治疗工伤的医疗费用和康复费用；（2）住院伙食补助费；（3）到统筹地区以外就医的交通食宿费；（4）安装配置伤残辅助器具所需费用；（5）生活不能自理的，经劳动能力鉴定委员会确认的生活护理费；（6）一次性伤残补助金和一至四级伤残职工按月领取的伤残津贴；（7）终止或者解除劳动合同时，应当享受的一次性医疗补助金；（8）因工死亡的，其遗属领取的丧葬补助金、供养亲属抚恤金和因工死亡补助金；（9）劳动能力鉴定费。

由用人单位支付的有：（1）治疗工伤期间的工资福利；（2）五级、六级伤残职工按月领取的伤残津贴；（3）终止或者解除劳动合同时，应当享受的一次性伤残就业补助金。

劳动权益保护 扫码答题

防范非法集资

1. 如何识别非法集资？

非法集资，是指未经国务院金融管理部门依法许可或者违反国家金融管理规定，以许诺还本付息或者给予其他投资回报等方式，向不特定对象吸收资金的行为。非法集资行为有非法性、公开性、利诱性、社会性四个特征，其常见的犯罪手法有承诺高额回报、编造虚假项目、以虚假宣传造势、亲情诱骗等。

根据主观态度、行为方式、危害结果等具体情况的不同，非法集资构成相应的罪名，其中最主要的是非法吸收公众存款罪和集资诈骗罪，两罪核心的区别在于是否具有非法占有的目的，即是否有诈骗的故意。

2. 参与非法集资的钱还能要回来吗？

《防范和处置非法集资条例》中明文规定，国家禁止任何形式的非法集资，因参与非法集资受到的损失，由集资参与人自行承担。参与非法集资被骗，钱能否要回来，要看钱款是否被挥霍以及警方的追赃挽损情况。

关于涉案财物的追缴和处置，有以下明确规定：向社会公众非法吸收的资金属于违法所得。犯罪分子以吸收的资金向集资参与人支付的利息、分红等回报，以及向帮助吸收资金人员支付的代理费、好处费、返点费、佣金、提成等费用，会被依法追缴。集资参与人的本金如果尚未归还，之前所支付的回报可折抵本金。查封、扣押、冻结的涉案财物及变卖、拍卖所得价款，一般会在诉讼终结后返还集资参与人。涉案财物不足全部返还的，会按照集资参与人的集资额比例返还。

此外，法院对非法吸收公众存款案件责令犯罪分子退赔，犯罪分子不退赔的，会强制执行。被害人还可以另行提起民事诉讼，要求犯罪分子归还被非法吸收的“存款”。

3. 如何防范非法集资？

防范非法集资应当做到“四看三思等一夜”。

“四看”：一看融资合法性，除了看是否取得企业营业执照，还要看是否取得相关金融牌照或经金融管理部门批准。二看宣传内容，看宣传中是否含有或暗示“有担保、无风险、高收益、稳赚不赔”等内容。三看经营模式，有没有实体项目，项目真实性、资金的投向去向、获取利润的方式等。四看参与集资主体，是不是主要面向老年人等特定群体。

“三思”：一思自己是否真正了解该产品及市场行情。二思产品是否符合市场规律。三思自身经济实力是否具备抗风险能力。

“等一夜”：遇到相关投资集资类宣传，一定要避免头脑发热，先征求家人和朋友的意见，拖延一晚再决定。不要盲目相信造势宣传、熟人介绍、专家推荐，不要被高利诱惑盲目投资。

防范非法集资 扫码答题

防范电信诈骗

1. 常见的电信网络诈骗有哪几种类型？

电信网络诈骗，是指以非法占有为目的，利用电信网络技术手段，通过远程、非接触等方式，诈骗公私财物的行为。

公安部公布的五大高发电信网络诈骗案件类型为：刷单返利类诈骗、虚假投资理财类诈骗、虚假网络贷款类诈骗、冒充客服类诈骗、冒充公检法类诈骗。除此之外，电信网络诈骗手段不断升级翻新，很多诈骗理由也紧跟热点，如加钱快速出核酸结果骗局、利用疫情订改机票骗局、办理电子社保卡骗局、贷款解冻金骗局、老年人理财投资骗局、共享屏幕骗局、微信语音骗局等。广大群众要加强电信网络诈骗防范意识，提高警惕，切勿轻信，如果遭遇了类似诈骗手段，牢记"不转账"才是硬道理，一旦被骗，立即报警。

网络刷单违法吗

以案学法 34

"公安局"人员要求配合调查并转款，可信吗？

【案情】某日，张某在家接到了一个"00"开头操当地口音的电话号码。对方称自己是市公安局的"警察"，告知张某其涉嫌帮助诈骗分子洗钱犯罪，如果不配合调查就会坐牢。在"警察"的诱导下，张某添加了微信，收到了对方发来的"财产冻结令"和"抓捕令"。看到"抓捕令"上有自己的真实照片和详细的身份信息，张某十分害怕，立刻按照对方的要求前往银行汇款。对方为了让其取钱时不引起银行工作人员的注意，要求张某称"儿子要结婚需要用钱"。张某到达银行正要汇款时，接到了来自市公安局的反诈预警电话。银行工作人员见状立即停止业务办理，并联系了公安机关。

【解析】本案是一起典型的冒充公安机关诈骗案件。诈骗分子先是非法获取张某的身份信息，然后通过冒充公安局人员骗取张某信任，再编造理由恐吓其涉嫌犯罪，最后再"好心"地提出解决办法，指示受害人转账至所谓的"安全账户"或者下载指定软件进行"资金清查"。一旦张某按其要求转账或操作，银行卡上的资金就会被转走。最终，在公安机关和银行的及时劝阻下，张某避免了20余万元的经济损失。

防范冒充公安机关诈骗，应注意以下事项：（1）公安机关不会线上办案，民警办案一律当人当面。（2）公安机关不会在电话中索要银行卡号、密码、验证码等信息。（3）公安机关不会在互联网上发送各种法律文书，也不会要求在网上填写个人信息。（4）公检法机关不存在“安全账户”，更不会要求转款汇账。（5）遇到自称“警察”主动联系的，应核实对方身份，如有疑虑可直接拨打“110”进行咨询。（6）收到“00”或“+”开头的境外来电时，要提高警惕，注意甄别。（7）“96110”是反电信网络诈骗专用号码，接到来电，说明机主本人或家人正在遭遇电信网络诈骗，可放心接听。

2. 实施电信网络诈骗，会受到什么法律制裁？

根据反电信网络诈骗法、民法典等法律规定，实施电信网络诈骗会面临以下法律制裁：

（1）刑事责任。组织、策划、实施、参与电信网络诈骗活动或者为电信网络诈骗活动提供帮助，构成犯罪的，依法追究刑事责任。实施电信网络诈骗，构成犯罪要达到一定标准。根据“两高”、公安部的司法解释，实施电信网络诈骗行为，骗取公私财物达到3000元以上，即可依诈骗罪判刑，诈骗数额超过50万的，最高可判处无期徒刑。

（2）行政责任。组织、策划、实施、参与电信网络诈骗活动或者为电信网络诈骗活动提供帮助，尚不构成犯罪的，由公安机关处10日以上15日以下拘留；没收违法所得，处违法所得1倍以上10倍以下罚款，没有违法所得或者违法所得不足1万元的，处10万元以下罚款。

（3）民事责任。组织、策划、实施、参与电信网络诈骗活动或者为电信网络诈骗活动提供相关帮助的违法犯罪人员，造成他人损害的，还应依照民法典等法律的规定承担民事责任。

为电信网络诈骗提供帮助的行为，包括提供互联网服务、交易服务、提供资金账户等为实施电信网络诈骗提供方便的行为。

3. 如何防范电信网络诈骗?

（1）不轻信。不要轻信来历不明的电话和手机短信，不管不法分子使用什么花言巧语，都不要轻易相信，要及时挂掉电话，不回复手机短信，不给不法分子布设圈套的机会。

（2）不透露。巩固自己的心理防线，不要因贪小利而受不法分子或违法短信的诱惑。无论什么情况，都不向对方透露自己及家人的身份信息、存款、银行卡等情况。如有疑问，可拨打 110 求助咨询，或向亲戚、朋友、同事核实。

（3）不转账。学习了解银行卡常识，保证自己银行卡内资金安全，绝不向陌生人汇款、转账。公司财务人员和经常有资金往来的人群等，在汇款、转账前，要再三核实对方的账户，不要让不法分子得逞。

（4）要及时报案。万一上当受骗或听到亲戚朋友被骗，立即向公安机关报案，并提供骗子的账号和联系电话等详细情况，以便公安机关开展侦查破案。

防范电信诈骗 扫码答题

常见违法犯罪预防

1. 如何分辨黑社会性质组织?

黑社会性质组织一般具有以下四个方面的特征：（1）组织特征：形成较稳定的犯罪组织，人数较多，有明确的组织者、领导者，骨干成员基本固定。（2）经济特征：有组织地通过违法犯罪活动或者其他手段获取经济利益，具有一定的经济实力，以支持该组织的活动。（3）行为特征：以暴力、威胁或者其他手段，有组织地多次进行违法犯罪活动，为非作恶，欺压、残害群众。（4）危害性特征：通过实施违法犯罪活动，或者利用国家工作人员的包庇或者纵容，称霸一方，在一定区域或者行业内，形成非法控制或者重大影响，严重破坏经济、社会生活秩序。

2. 恶势力组织属于黑社会性质组织吗？

根据反有组织犯罪法的规定，恶势力组织是指经常纠集在一起，以暴力、威胁或者其他手段，在一定区域或者行业领域内多次实施违法犯罪活动，为非作恶，欺压群众，扰乱社会秩序、经济秩序，造成较为恶劣的社会影响，但尚未形成黑社会性质组织的犯罪组织。恶势力组织与黑社会性质组织不同，但都具有危害性，都为非作恶、欺压百姓。通俗地讲，恶势力组织是黑社会性质组织的低端形态，但都是国家刑事司法打击的重点。

3. 举报有组织犯罪，会受到保护吗？

根据反有组织犯罪法的规定，有组织犯罪是指刑法第 294 条规定的组织、领导、参加黑社会性质组织犯罪，以及黑社会性质组织、恶势力组织实施的犯罪。任何单位和个人都有协助、配合有关部门开展反有组织犯罪工作的义务。国家依法对协助、配合反有组织犯罪工作的单位和个人给予保护。

任何单位和个人发现国家工作人员与有组织犯罪有关的违法犯罪行为，有权向监察机关、人民检察院、公安机关等部门报案、控告、举报。有关部门接到报案、控告、举报后，应当及时处理。依法查办有组织犯罪案件或者依照职责支持、协助查办有组织犯罪案件的国家工作人员不得滥用职权、玩忽职守、徇私舞弊。

因举报、控告和制止有组织犯罪活动，在有组织犯罪案件中作证，本人或者其近亲属的人身安全面临危险的，公安机关、人民检察院、人民法院应当按照有关规定，采取下列一项或者多项保护措施：

（1）不公开真实姓名、住址和工作单位等个人信息；

（2）采取不暴露外貌、真实声音等出庭作证措施；

（3）禁止特定的人接触被保护人员；

（4）对人身和住宅采取专门性保护措施；

（5）变更被保护人员的身份，重新安排住所和工作单位；

（6）其他必要的保护措施。

国家在鼓励单位和个人举报有组织犯罪并给予保护的同时，对举报有组织犯罪或者在反有组织犯罪工作中作出突出贡献的单位和个人，还会按照有关规定给予表彰、奖励。

4. 小偷小摸算犯罪吗？

盗窃罪是指以非法占有为目的，盗窃公私财物数额较大或者多次盗窃、入户盗窃、携带凶器盗窃、扒窃公私财物的行为。只要具有以下情形之一的，即构成盗窃罪：（1）盗窃公私财物，数额较大；（2）多次盗窃；（3）入户盗窃；（4）携带凶器盗窃；（5）扒窃。

对第一种情形，根据相关司法解释规定，盗窃公私财物价值 1000 元至 3000 元以上，应当认定为“数额较大”，各省、自治区、直辖市高级人民法院、人民检察院可以根据本地区经济发展状况，并考虑社会治安状况，在上述规定的数额幅度内，确定本地区执行的具体数额标准，报最高人民法院、最高人民检察院批准。

对后四种情形，刑法并未规定数额或其他情节，只要属于四种情形之一，无论数额多少都构成盗窃罪。根据相关司法解释规定，2 年内盗窃 3 次以上的，应当认定为“多次盗窃”。可见，即使盗窃数额较小，只要符合上述情形也会构成犯罪。

5. 抢劫他人，没抢到钱也算犯罪吗？

抢劫罪，是以非法占有为目的，当场使用暴力、胁迫或者其他方法，强行劫取公私财物的行为。抢劫罪是行为犯，刑法对构成抢劫罪没有规定数额、情节方面的限制，只要行为人当场以暴力、胁迫或者其他方法，实施了抢劫公私财物的行为，无论是否抢到钱财，也不论实际抢到钱财的多少，原则上都构成抢劫罪，处 3 年以上 10 年以下有期徒刑，并处罚金。存在以下加重情形的，处 10 年以上有期徒刑、无期徒刑或者死刑，并处罚金或者没收财产：（1）入户抢劫的；（2）在公共交通工具上抢劫的；（3）抢劫银行或者其他金融机构的；（4）多次抢劫或者抢劫数额巨大的；（5）抢劫致人重伤、死亡的；（6）冒充军警人员抢劫的；（7）持枪抢劫的；（8）抢劫军用物资或者抢险、救灾、救济物资的。

6. 殴打他人，可能承担什么刑事责任？

一般来说，殴打他人，情节轻微的，会受到治安处罚；造成他人轻伤及以上的，要承担刑事责任，可能触犯故意伤害罪、寻衅滋事罪。

如果行为人与被害人之间有矛盾，殴打被害人，造成轻伤以上后果，可能构成故意伤害罪。根据刑法规定，故意伤害他人身体的，处 3 年以下有期徒刑、拘役或者管制；致人重伤的，处 3 年以上 10 年以下有期徒刑。轻伤是使人肢体或者容貌损害，听觉、视觉或者其他器官功能部分障碍或者其他对于人身健康有中度伤害的损伤。重伤是使人肢体残废、毁人容貌、丧失听觉、丧失视觉、丧失其他器官功能或者其他对于人身健康有重大伤害的损伤。

如果行为人无事生非或者借故生非，随意殴打他人，造成一定后果，一般以寻衅滋事罪定罪处罚。但是，在随意殴打过程中，行为人若主观上具有伤害他人的故意，如使用极易致人伤害的凶器，或持续、反复击打他人等，则同时符合寻衅滋事罪和故意伤害罪的构成要件，依照处罚较重的犯罪定罪处罚：伤情鉴定为轻伤的，寻衅滋事罪处罚更重，最高可达有期徒刑 5 年；伤情鉴定为重伤的，故意伤害罪处罚更重，最高可达有期徒刑10年。如果有证据证明被害人存在过错，对行为人可以酌情从轻处罚。

7. 嫖娼会构成犯罪吗？

一般的嫖娼行为违反了治安管理处罚法，属于违法行为，尚不构成犯罪。根据治安管理处罚法的规定，卖淫、嫖娼的，处10日以上15日以下拘留，可以并处5000元以下罚款；情节较轻的，处5日以下拘留或者500元以下罚款。

但嫖娼涉及以下情节，则构成犯罪：（1）明知嫖娼对象为未满14周岁的幼女，仍然与其发生性关系，以强奸罪定罪处罚；（2）明知自己患有梅毒、淋病等严重性病嫖娼的，以传播性病罪定罪处罚。

以案学法 35

让他人在自家舞厅卖淫，只是一般违法吗？

【案情】贾某为增加舞厅人气以提高营业额，在舞厅内提供场所给两名妇女从事卖淫活动，卖淫非法所得按约定收取提成。某日，民警在执勤时发现，贾某经营的舞厅存在卖淫活动并当场抓获两名卖淫女和两名嫖娼人员。贾某到案后，对其容留卖淫的行为供认不讳，并主动退缴了违法所得8000元。

【解析】卖淫嫖娼行为有伤社会风化，扰乱社会治安秩序，破坏家庭幸福，危害身体健康，为社会风尚和道德所不容。容留卖淫者常常基于牟取非法利益的目的，为卖淫嫖娼提供便利和市场，势必促进卖淫嫖娼的发生，极大败坏社会风气，为我国法律明确禁止。

容留他人卖淫具有下列情形之一的，构成容留卖淫罪，根据刑法规定，处5年以下有期徒刑、拘役或者管制，并处罚金；情节严重的，处5年以上有期徒刑，并处罚金：（1）容留2人以上卖淫的；（2）容留未成年人、孕妇、智障人员、患有严重性病的人卖淫的；（3）1年内曾因引诱、容留、介绍卖淫行为被行政处罚，又实施容留卖淫行为的；（4）非法获利人民币1万元以上的。

容留卖淫罪是行为犯，只要实施了容留他人卖淫的行为，满足上述法定要件，不论卖淫嫖娼行为是否完成，不影响容留卖淫罪成立。本案中，贾某妨害社会管理秩序，为他人卖淫提供场所和便利，因容留妇女数量达到了2人，构成容留卖淫罪，应承担相应的刑事责任。

8. 亲朋好友过节打麻将是赌博吗？

以营利为目的，聚众赌博或者以赌博为业的，以赌博罪定罪处罚。

以营利为目的，有下列情形之一的，属于刑法规定的“聚众赌博”：（1）组织3人以上赌博，抽头渔利数额累计达到5000元以上的；（2）组织3人以上赌博，赌资数额累计达到5万元以上的；（3）组织3人以上赌博，参赌人数累计达到20人以上的；（4）组织中华人民共和国公民10人以上赴境外赌博，从中收取回扣、介绍费的。

以营利为目的，为赌博提供条件的，或者参与赌博赌资较大的，予以治安管理处罚。一般来说，亲属之间不以营利为目的进行带有财物输赢的打麻将、玩扑克等娱乐活动，不予处罚；亲属之外的其他人之间进行带有少量财物输赢的打麻将、玩扑克等娱乐活动，不予处罚。关于“赌资较大”的认定数额，各地有不同的规定。

9. 吸毒人员动态管控可以消除吗？

毒品是指鸦片、海洛因、甲基苯丙胺（冰毒）、吗啡、大麻、可卡因以及国家规定管制的其他能够使人形成瘾癖的麻醉药品和精神药品。毒品危害性极大，我国法律对其严加管制。个人吸毒属于违法行为，一般不构成犯罪，由公安机关视情节处拘留、罚款，可责令其接受社区戒毒或强制隔离戒毒。

社区戒毒人员应当自收到责令社区戒毒决定书之日起15日内到社区戒毒执行地乡（镇）人民政府、城市街道办事处报到，无正当理由逾期不报到的，视为拒绝接受社区戒毒。社区戒毒的期限为 3 年，自报到之日起计算。

社区戒毒自期满之日起解除。社区戒毒执行地公安机关应当出具解除社区戒毒通知书送达社区戒毒人员本人及其家属，并在 7 日内通知社区戒毒执行地乡（镇）人民政府、城市街道办事处。对戒毒人员戒毒的个人信息应当依法予以保密，对戒断 3 年未复吸的人员，不再实行动态管控。

10. 种罂粟违法吗？

罂粟属于毒品原植物，具有极大的社会危害性。我国对罂粟种植严加控制，未经国家有关部门批准一律禁植。种植罂粟，无论数量多少，无论出于什么用途，都会涉嫌违法甚至犯罪。

非法种植罂粟、大麻等毒品原植物的，一律强制铲除。有下列情形之一的，构成非法种植毒品原植物罪，处5年以下有期徒刑、拘役或者管制，并处罚金：（1）种植罂粟500株以上不满3000株的；（2）经公安机关处理后又种植的；（3）抗拒铲除的。非法种植罂粟3000株以上的，处5年以上有期徒刑，并处罚金或者没收财产。非法种植罂粟，在收获前自动铲除的，可以免除处罚。

区分非法种植毒品原植物犯罪与一般违法行为，一是要把握行为人是否明知自己所种植的是毒品原植物，如果行为人不知道是毒品原植物，不构成犯罪；二是要把握行为人非法种植毒品原植物的情节，存在刑法规定的情节之一的，构成非法种植毒品原植物罪，否则属于一般违法行为。

11. 酒驾和醉驾都是犯罪吗？

酒后驾驶机动车是一种极其危险的驾驶行为，除了会威胁行为人自身的人身财产安全，还会对不特定多数人的生命健康与公私财产造成威胁。根据血液酒精含量的不同，酒后驾驶分为酒驾和醉驾两种。

（1）酒驾，即饮酒后驾驶，认定标准为：20mg/100ml ≤血液酒精含量

< 80mg/100ml，属于违法行为，依据道路交通安全法的规定处罚。

（2）醉驾，即醉酒后驾驶，认定标准为：血液酒精含量≥ 80mg/100ml，构成危险驾驶罪，将被吊销机动车驾驶证，并依法追究刑事责任。血液酒精含量达到 200mg/100ml 以上的，将从重处罚。

12. 利用网络宣扬邪教构成犯罪吗？

邪教组织，是指冒用宗教、气功或者以其他名义建立，神化、鼓吹首要分子，利用制造、散布迷信邪说等手段蛊惑、蒙骗他人，发展、控制成员，危害社会的非法组织。宣扬邪教，轻者会受行政处罚，重者会被追究刑事责任。

利用网络宣扬邪教，涉嫌组织、利用邪教组织破坏国家法律、行政法规实施，具有下列情形之一的，构成组织、利用邪教组织破坏法律实施罪：（1）制作、传播宣扬邪教的电子图片、文章 200 张（篇）以上，电子书籍、刊物、音视频 50 册（个）以上，或者电子文档 500 万字符以上、电子音视频 250 分钟以上的；（2）编发信息、拨打电话 1000 条（次）以上的；（3）利用在线人数累计达到 1000 以上的聊天室，或者利用群组成员、关注人员等账号数累计 1000 以上的通讯群组、微信、微博等社交网络宣扬邪教的；（4）邪教信息实际被点击、浏览数达到 5000 次以上的。

常见违法犯罪预防 扫码答题

第五章 | 党的涉农政策

1. 全党工作的重中之重是什么?

农业农村农民（以下简称“三农”）问题是关系国计民生的根本性问题。我们党坚持把解决好“三农”问题作为全党工作重中之重，把农业农村优先发展作为现代化建设的一项重大原则，把振兴乡村作为实现中华民族伟大复兴的一个重大任务，牢牢把握农业农村现代化这个总目标，走中国特色社会主义乡村振兴道路，促进农业高质高效、乡村宜居宜业、农民富裕富足，推动农业农村与国家同步实现现代化。

2. “三农”工作的中心任务是什么?

增加农民收入是“三农”工作的中心任务。农民小康不小康，关键看收入。检验农村工作实效的一个重要尺度，就是看农民的钱袋子鼓起来没有。促进农民增收，难点在粮食主产区和种粮农民。在政策上，既要考虑如何保证粮食产量，也要考虑如何提高粮食生产效益、增加农民种粮收入，实现农民生产粮食和增加收入齐头并进，不让种粮农民在经济上吃亏，不让种粮大县在财政上吃亏。

产业兴旺是解决农村一切问题的前提。要拓展农业多种功能，挖掘乡村多元价值，推进农村一二三产业融合发展，加快发展壮大县域经济，多渠道促进农民就地就近就业增收，把产业链延伸环节更多留在乡村，把产业发展的增值收益更多留给农民，着力缩小城乡差距、区域差距、收入差距。

3. 党的农村工作遵循的原则是什么?

党的农村工作应遵循以下原则:

(1)坚持党对农村工作的全面领导，确保党在农村工作中总揽全局、协调各方，保证农村改革发展沿着正确的方向前进;

(2)坚持以人民为中心，尊重农民主体地位和首创精神，切实保障农民物质利益和民主权利，把农民拥护不拥护、支持不支持作为制定党的农村政策的依据;

(3)坚持巩固和完善农村基本经营制度，夯实党的农村政策基石;

(4)坚持走中国特色社会主义乡村振兴道路，推进乡村产业振兴、人才振兴、文化振兴、生态振兴、组织振兴;

(5)坚持教育引导农民听党话、感党恩、跟党走，把农民群众紧紧团结在党的周围，筑牢党在农村的执政基础;

(6)坚持一切从实际出发，分类指导、循序渐进，不搞强迫命令、不刮风、不一刀切。

4. 什么是农业“三补合一”政策改革?

农业补贴是国家强农惠农政策的重要组成部分。自2016年起，农业“三项补贴”改革全面推开，将原农作物良种补贴、种粮农民直接补贴和农资综合补贴调整合并为农业支持保护补贴，支持耕地地力保护和农业适度规模经营。

(1)加强耕地地力保护。用于耕地地力保护的补贴资金，其补贴对象原则上为拥有耕地承包权的种地农民，补贴依据可以是二轮承包耕地面积、计税耕地面积、确权耕地面积或粮食种植面积等，补贴标准由地方根据分配的补贴资金总量和确定的补贴依据综合测算确定，全部直补到户。

(2)促进粮食适度规模经营。用于粮食适度规模经营的补贴资金，重点支持建立健全农业信贷担保体系，着力为新型经营主体解决“贷款难、贷款贵”难题。

支持对象重点向种粮大户、家庭农场、农民合作社和农业社会化服务组织等新型经营主体倾斜，体现"谁多种粮食，就优先支持谁"。

5. 实际种粮农民一次性补贴的发放对象是谁?

为适当弥补农资价格上涨增加的种粮成本支出，保障种粮农民合理收益，中央财政对实际种粮农民发放一次性农资补贴，释放支持粮食生产积极信号，稳定农民收入，调动农民种粮积极性。其补贴对象为实际承担农资价格上涨成本的实际种粮者，包括利用自有承包地种粮的农民，流转土地种粮的大户、家庭农场、农民合作社、农业企业等新型农业经营主体，以及开展粮食耕种收全程社会化服务的个人和组织，确保补贴资金落实到实际种粮的生产者手中，提升补贴政策的精准性。补贴标准由各地区结合有关情况综合确定，原则上县域内补贴标准统一。

6. 购买农机，国家有什么优惠政策?

购买农机，可享受农机购置补贴。农机购置补贴是党中央、国务院出台的一项重要的强农惠农富农政策，是农业机械化促进法明确规定的重要扶持措施。农机购置补贴政策按照"自主购机、定额补贴、先购后补、县级结算、直补到卡（户）"方式实施。

农机购置补贴的对象为从事农业生产的个人和农业生产经营组织。农业生产经营组织，包括农村集体经济组织、农民专业合作经济组织、农业企业和其他从事农业生产经营的组织。

购机者自主选择购买机具，按市场化原则自行与农机产销企业协商确定购机价格与支付方式，并对交易行为真实性、有效性和可能发生的纠纷承担法律责任。购机行为完成后，购机者自主向当地农业农村部门提出补贴资金申领事项，签署告知承诺书，承诺购买行为、发票购机价格等信息真实有效，按相关规定申办补贴。农民申请农机购置补贴，要具体参考当地发布的最新农机购置补贴机具种类范围和机具补贴额一览表。

7. 养殖户在动物疫病防控上可以享受国家的哪些补助政策?

中央财政对动物疫病强制免疫、强制扑杀和销毁、养殖环节无害化处理工作给予补助。

（1）强制免疫补助经费主要用于开展口蹄疫、高致病性禽流感、小反刍兽疫、布病、包虫病等动物强制免疫疫苗（驱虫药物）采购、储存、注射（投喂）以及免疫效果监测评价、人员防护等相关防控工作，以及对实施和购买动物防疫服务等予以补助；对符合条件的养殖场户实施强制免疫“先打后补”。

（2）国家对在动物疫病预防、控制、净化、消灭过程中强制扑杀的动物、销毁的动物产品和相关物品的所有者给予补偿，补助经费由中央财政和地方财政共同承担。

（3）国家对养殖环节病死猪无害化处理予以支持，由各地根据有关要求，结合当地实际，完善无害化处理补助政策，切实做好养殖环节无害化处理工作。

8. 中央财政对哪四类农业保险实行保费补贴?

农业保险保费补贴工作实行财政支持、分级负责、预算约束、政策协同、绩效导向、惠及农户的原则。中央财政提供保费补贴的农业保险（以下简称补贴险种）标的为关系国计民生和粮食、生态安全的主要大宗农产品，以及根据党中央、国务院有关文件精神确定的其他农产品。鼓励各省、自治区、直辖市、计划单列市（以下统称省）结合本地实际和财力状况，对符合农业产业政策、适应当地“三农”发展需求的农业保险给予一定的保费补贴等政策支持。

中央财政补贴险种的保险标的主要包括：（1）种植业：稻谷、小麦、玉米、棉花、马铃薯、油料作物、糖料作物、天然橡胶、三大粮食作物（稻谷、小麦、玉米）制种；（2）养殖业：能繁母猪、育肥猪、奶牛；（3）森林：公益林、商品林；（4）涉藏特定品种：青稞、牦牛、藏系羊。对中央财政补贴险种的保费，中央财政、省级财政按照保费的一定比例提供补贴。

补贴险种的保险责任应当涵盖当地主要的自然灾害、重大病虫鼠害、动物疾病疫病、意外事故、野生动物毁损等风险；有条件的地方可稳步探索将产量、气象等变动作为保险责任。

本章扫码答题

第六章 | 法治实践能力

“法律明白人”培养

乡村“法律明白人”培养工作规范（试行）

1. 什么是“法律明白人”？

“法律明白人”，是指具有较好法治素养和一定法律知识，积极参与法治实践，能发挥示范带头作用的村民。

2. “法律明白人”的培养目标是什么?

“法律明白人”的培养目标是：到 2025 年，“法律明白人”培养工作普遍开展，每个行政村至少培养 3 名“法律明白人”，基本形成培养机制规范、队伍结构合理、作用发挥明显的“法律明白人”工作体系，形成一支素质高、结构优、用得上的乡村“法律明白人”队伍。各地可根据本地乡村分布、农村人口数量等实际情况确立“法律明白人”培养数量目标，逐步实现村民小组“法律明白人”全覆盖。

3. “法律明白人”需要具备哪些基本条件?

“法律明白人”需要具备以下基本条件：

（1）拥护中国共产党的领导，拥护中华人民共和国宪法；

（2）坚定不移走中国特色社会主义法治道路，自觉崇尚法治、敬畏法律，具备较强的法治意识，具有较好的法治素养；

（3）积极践行社会主义核心价值观，有良好道德品质和个人修养；

（4）具有一定文化程度、语言表达能力和接受教育能力；

（5）有较强的责任心和奉献精神，热心社会公益事业，能引领带动身边群众尊法学法守法用法。

4."法律明白人"的主要职责有哪些？

"法律明白人"主要有以下职责：

（1）学习宣传习近平法治思想；

（2）学习宣传宪法、民法典以及与基层群众生产生活密切相关的法律法规；

（3）学习宣传党的路线方针政策和惠民富民政策；

（4）参与乡村法治文化建设，弘扬社会主义核心价值观；

（5）及时收集和反映群众法律需求，引导群众用好公共法律服务资源，积极带动周边群众提高法律意识；

（6）参与矛盾纠纷预防、排查、化解工作，引导群众理性表达利益诉求，依法维护合法权益，防止矛盾激化升级；

（7）依托村"法律之家""百姓说事""屋场会议""圆桌会议"等民主协商途径，推进基层自治法治德治融合；

（8）适合当地"法律明白人"承担的其他职责。

5."法律明白人"优先从哪些人员中遴选？

"法律明白人"优先从以下人员中遴选：（1）村干部；（2）村妇联执委、儿童主任；（3）人民调解员；（4）驻村辅警；（5）网格员；（6）村民小组长；（7）中共党员；（8）"五老"人员（老干部、老战士、老专家、老教师、老模范）；（9）致富能手等各类人才；（10）其他热心公益事业的村民。

6. “法律明白人”遴选程序是怎样的?

以行政村为单位，按照村民自荐或者村“两委”推荐、考核上岗程序，认定“法律明白人”。其遴选程序如下：

（1）以行政村为单位，村民自荐或者村“两委”推荐；

（2）村“两委”汇总提出“法律明白人”初选对象并进行为期不少于10天的公示后，将名单报送至乡镇司法所；

（3）乡镇司法所对村“两委”报送的初选对象进行初审核实，经乡镇党委、政府同意后，报县级人民政府司法行政部门；

（4）县级人民政府司法行政部门按照相关规定，经任前培训、上岗考核等程序，确定“法律明白人”名单，报市级人民政府司法行政部门备案。

7. “法律明白人”要持证上岗吗?

县级人民政府司法行政部门牵头对“法律明白人”人选进行任前培训，结合拟承担的主要职责，开展法律知识、法治实践能力等方面的培训，并组织上岗考核。

经考核合格的，由县级人民政府司法行政部门正式确定为“法律明白人”，颁发证书和徽章，并登记造册、建档立卡。“法律明白人”名单应当以显著方式，在所在村公共场所公布。

8. “法律明白人”的培训内容有哪些?

“法律明白人”的培训包括以下内容：

（1）法律政策知识：习近平法治思想；宪法；民法典；乡村振兴、农村基本经营制度、疫情防控、生态文明、食品药品安全、安全生产、社会应急治理、未成年人保护、消费者权益保护、农药及种子安全与保护、野生动植物保护、防范非法集资、防范电信诈骗等常用法律法规；党的涉农政策。

（2）法治实践能力：重点培养法治宣传教育能力、社情民意信息收集能力、公共法律服务引导能力、矛盾纠纷调处能力。

（3）道德品格教育：重点加强社会主义核心价值观教育，开展家风家训学习，教育引导“法律明白人”讲道德、守规矩、重家风。

9. 如何评价激励“法律明白人”？

实行“法律明白人”年度考核评价制度。乡镇司法所会同村“两委”提出“法律明白人”考核评价意见，报乡镇党委、政府和县级人民政府司法行政部门。将工作表现优秀、工作成效突出的“法律明白人”，列入普法、乡村治理等工作表彰范畴；在发展和培养党员、村干部，聘用网格员、人民调解员时予以优先考虑；通过名单共享、信息增信等方式，在涉农贷款、技术帮扶等方面予以支持。

10. 什么情形下应当清退“法律明白人”？

“法律明白人”有下列情形之一的，由村“两委”向乡镇司法所提出清退意见，经乡镇党委、政府审核后，由县级人民政府司法行政部门及时予以清退，注销证书、收回徽章，并报市级人民政府司法行政部门备案：

（1）发生违法违纪行为；

（2）不认真履职，经提醒仍不改正；

（3）出现其他不符合“法律明白人”基本条件的情形。

被清退的“法律明白人”，应当及时从所在村公告的“法律明白人”名单中删除。

法治宣传教育能力

1. 如何确保法治宣传教育的正确方向？

习近平法治思想博大精深、内涵丰富，是新时代法治宣传教育的旗帜和灵魂。要深入学习领会这一重要思想，吃透基本精神，把握核心要义，切实贯彻到全民普法工作全过程，落实到普法工作各方面，确保法治宣传教育的正确方向。

法治宣传教育，应牢牢把握以下三个方面：（1）坚持党的领导是全民普法工作的根本保证；（2）坚持以人民为中心是全民普法工作的根本立场；（3）坚持中国特色社会主义法治道路是全民普法工作的根本方向。

2. 法治宣传教育应当树立哪些理念？

法治宣传教育必须紧跟时代步伐、贴近人民需求，坚持目标导向和问题导向相统一。一是要树立服务为本理念，在普法过程中强化服务意识，用心用情用力服务，在服务中教育引导人民群众尊法学法守法用法。二是要树立供需平衡理念，在精准分析掌握人民群众的法治需求基础上，开展对象化、分众化普法宣传，推动普法工作由“大水漫灌”向“精准滴灌”转变。人民群众喜闻乐见、易于接受的普法宣传，才是有效管用的。三是要树立有效传播理念，既注重宣传“文本法”，更考虑人民群众的“内心法”，通过动人情、暖人心的普法宣传，通过解答人民群众急难愁盼的法律问题，推动法治理念内化于心、外化于行，防止自说自话、无效传播。

3. 法治宣传教育应采取什么方式？

普法方式直接决定普法效果，要坚持什么方式管用就用什么方式，以群众视角和语言开展精准普法。其一，在长期普法实践中形成的有效做法要坚持好、不能丢，比如针对农村地区空巢家庭多、留守老人和儿童多等特点，可以多运用喇叭、广播、标语等方式，打通普法“最后一公里”，让普法沉下去、暖起来。其二，当前网络空间已成为人们生产生活的新空间，要用好用活新媒体新技术，以互联网思维和全媒体视角开展智慧普法，建设融“报、网、端、微、屏”于一体的全媒体法治传播体系，让普法传开来、热起来。其三，以案普法生动直观，要善用以案释法制度和典型案例发布制度，通过法官、检察官、行政执法人员、律师等对典型案例的深入解读，形成全民普法的公开课，让普法实起来、活起来。

以案学法 36

法治宣传教育如何接地气、通民心？

【案情】某县“法律明白人”队伍中有个擅长传唱普法山歌的老王，被大家亲切地称为“山歌老王”。“嘿哟嗬……寻乌河水波连波，一法一规总关情；百科全书民法典，生老病死它都管……”“一村有赌一村坏，一屋有赌一屋败；总爱你就肯来赌，唔怕你的家门大……”以老王为核心的老王山歌普法宣讲队，创作讲解法律法规的普法山歌，开展宣讲，为农民群众修筑了一扇了解法治的窗口。

【解析】“法律明白人”是国家法律政策的“宣传员”。法治宣传教育要接地气、通民心，就要做到心中有群众，宣讲中顺民意、解民忧。具体来说，就是要善于结合当地生活实际，善于用群众听得懂的话去说去讲，善于发掘群众喜闻乐见的方式，做到深入浅出、通俗生动，让群众倍感亲切。

某县的“山歌老王”擅长自编自唱山歌，其以百姓的视角、生动的语言，把法律法规、法治文化、党的政策等编成曲风晓畅、通俗易懂的普法山歌，传播法治“好声音”，当地群众非常爱听。这些山歌因取材于当地百姓生活，沾泥土、接地气，反映的都是农村发生的事、村民身边的事，故而拉近了国家法律政策与当地农民群众的距离，起到很好的法治宣传教育效果。

社情民意信息收集能力

1. 如何反映真实的社情民意?

社情民意，顾名思义就是指社会生活的基本情况和人民群众的意见愿望。调查研究是分析问题的基本方法，更是做好社情民意信息收集工作的基础。要想使反映的社情民意真实、有价值，受到关注，就必须深入每家每户，深入生活，走到群众中间，倾听群众的意见、建议和呼声，关注群众关注的社会热点难点，了解群众的真实想法和困难。要通过仔细调查摸清情况，全面收集掌握第一手资料，杜绝道听途说、人云亦云。对群众反映的每一条信息，都必须调查核实，坚持实事求是，务求全面透彻地反映问题。

2. 收集社情民意信息怎样反映热点难点?

收集社情民意信息要反映热点难点。社情民意信息反映的内容，要着眼于为党和政府决策服务，为解决人民群众普遍关注的热点难点等问题服务，提出的意见建议既要考虑到人民群众的意见愿望，又要考虑到党和政府的工作实际，力求具有针对性和可行性。

从内容上看，社情民意信息可以是关于国家和地方经济社会发展的方针政策，也可以是关系人民群众切身利益的民计民生，还可以是关乎社会和谐稳定的民情民愿。只要是对科学民主决策有参考价值的民意民声，都可以通过社情民意信息的形式反映。社情民意信息收集应该是动态的，要反映新情况、提出新问题、发现新动向、揭示新苗头。

3. 收集社情民意信息如何确保时效性?

社情民意信息最大的特点就是时效性强，否则就会失去价值。社情民意信息收集只有做到收集快、整理快、报送快，才能使社情民意信息适时发挥作用。因此，收集反映社情民意要适时、及时，对于各种重大的、敏感性的、倾向性的问题，要知情即报，早发现、早反映、早提醒，为党委政府及时掌握情况、研究对策提供信息，从而取得解决问题的主动权。

4. 如何就社情民意提出合理可行的建议?

收集社情民意信息，不仅是反映现象和问题，更重要的是推动问题的解决。所以，收集社情民意信息的关键就是建言献策。社情民意信息往往以零碎的形式存在，散见于群众的街谈巷议中，需要深入群众，把老百姓鲜活的做法事例、原汁原味的评价语言储备起、加工好，让社情民意信息"沾泥土""冒热气"；要透过现象看本质，掌握实情悟真经，从繁杂问题中把握事物的规律性，从苗头问题中发现事物的倾向性，从偶然问题中揭示事物的必然性，通过新视角提出新观点新思路，提出一矢中的、操作性强的意见建议。

公共法律服务引导能力

1. 公共法律服务主要包括哪些内容?

公共法律服务是政府公共职能的重要组成部分，是保障和改善民生的重要举措，是全面依法治国的基础性、服务性和保障性工作，主要包括法治宣传教育、律师、公证、法律援助、基层法律服务、法律顾问、调解、仲裁、司法鉴定等，既包括无偿或公益性法律服务，也包括面向社会公众的有偿法律服务。

2. 公证机构能办理哪些业务?

公证是公证机构根据自然人、法人或者其他组织的申请，依照法定程序对民事法律行为、有法律意义的事实和文书的真实性、合法性予以证明的活动。

根据自然人、法人或者其他组织的申请，公证机构办理下列公证事项：（1）合同；（2）继承；（3）委托、声明、赠与、遗嘱；（4）财产分割；（5）招标投标、拍卖；（6）婚姻状况、亲属关系、收养关系；（7）出生、生存、死亡、身份、经历、学历、学位、职务、职称、有无违法犯罪记录；（8）公司章程；（9）保全证据；（10）文书上的签名、印鉴、日期，文书的副本、影印本与原本相符；（11）自然人、法人或者其他组织自愿申请办理的其他公证事项。

根据自然人、法人或者其他组织的申请，公证机构可以办理下列事务：（1）法律、行政法规规定由公证机构登记的事务；（2）提存；（3）保管遗嘱、遗产或者其他与公证事项有关的财产、物品、文书；（4）代写与公证事项有关的法律事务文书；（5）提供公证法律咨询。

以案学法 37

遭遇网络暴力，如何固定证据维权?

【案情】王某最近创作的某部网络小说深受网友喜爱，并在某网站引发热议。然而部分网友对小说中的一些情节不满，在网站多次发文，对王某进行人身攻击。网友们不堪入目的语言突破了作品探讨的范畴，不仅侵害了王某的名誉权，也给其造成了极大的精神压力和情感伤害。为了挽回形象和影响，王某打算依法维权。经朋友指点，王某来到当地公证处申请办理证据保全公证。

【解析】电子数据存在易篡改、易伪造、取证难的问题，通常被侵权者想要采取法律途径维权时相关内容已被删除，证据灭失。因此，被侵权时可通过证据保全公证的方式对可能灭失或难以取得的证据及时进行固定。

申请公证，应当向公证处提出，填写公证申请表，并提供真实、合法、充分的证明材料。符合条件的公证申请，公证处予以受理并收取公证费。符合法律援助条件的当事人，按照规定减免公证费。公证处受理公证申请后，经过审查，认为申请提供的证明材料真实、合法、充分，申请公证的事项真实、合法的，自受理公证申请之日起15个工作日内向当事人出具公证书。

本案中，公证人员经核实情况并履行相关手续后，按照程序，对网站上显示的侮辱、谩骂、诋毁王某的帖子及发帖时间、阅读人数等内容进行了截图和拍照，并出具了公证书。证据保全后，王某向法院申请了立案。

3. 哪些人申请法律援助，不用核查经济困难状况?

法律援助，是国家建立的为经济困难公民和符合法定条件的其他当事人无偿提供法律咨询、代理、刑事辩护等法律服务的制度。当地一般都会成立相应的法律援助中心，为经济困难或特殊案件的人提供无偿法律服务。

经济困难是困难群众获得法律援助的条件。除了英雄烈士近亲属为维护英雄烈士的人格权益、当事人因见义勇为行为主张相关民事权益等情形，申请法律援助不受经济困难条件限制外，根据法律援助法的规定，法律援助申请人有材料证明属于下列人员之一的，免予核查经济困难状况：

（1）无固定生活来源的未成年人、老年人、残疾人等特定群体；

（2）社会救助、司法救助或者优抚对象；

（3）申请支付劳动报酬或者请求工伤事故人身损害赔偿的进城务工人员；

（4）法律、法规、规章规定的其他人员。

4. 人民调解委员会受理哪些纠纷?

人民调解是解决民间纠纷的重要途径，是指人民调解委员会通过说服、疏导等方法，促使当事人在平等协商基础上自愿达成调解协议，解决民间纠纷的活动，具有简捷、及时和经济的特点。

当事人申请调解，有明确的被申请人、具体的调解要求、提出调解申请的事实理由，且属于人民调解受理范围的，人民调解委员会应及时受理调解。人民调解委员会受理的民间纠纷，包括发生在平等民事主体之间，涉及当事人有权处分的人身、财产权益的各种纠纷，包括但不限于以下纠纷类型：

（1）婚姻家庭、邻里、房屋宅基地、合同、生产经营、损害赔偿、山林土地草场和征地拆迁等常见多发的纠纷；

（2）医疗、道路交通、劳动争议、物业管理、消费、旅游、环保、金融、保险、互联网和知识产权等领域的纠纷；

（3）其他可通过人民调解方式解决的纠纷。

5. 仲裁有哪些类型？

仲裁，是指当事人根据他们之间订立的仲裁协议，自愿将其争议提交由非司法机构的仲裁员组成的仲裁庭进行裁判，并受该裁判约束的一种制度。仲裁分为三种：民商事仲裁、劳动仲裁和农村土地承包仲裁。后两者不收取费用。

（1）民商事仲裁的适用范围最广泛，涵盖了除“婚姻、收养、监护、扶养、继承纠纷”和“依法应当由行政机关处理的行政争议”之外的所有平等主体之间的合同纠纷和财产权益纠纷。民商事仲裁实行严格的一裁终局制度。

（2）劳动仲裁适用于用人单位与劳动者发生的部分劳动争议。对裁决不服的，除小额仲裁和标准明确的仲裁，可以向法院起诉。

（3）农村土地承包仲裁仅适用于农村土地承包经营纠纷（因征收集体所有的土地及其补偿发生的纠纷除外）。农村土地承包仲裁不具有一裁终局性。对裁决不服的，可以向法院起诉。

6. 民事纠纷中如何进行司法鉴定？

司法鉴定，即在诉讼活动中鉴定人运用科学技术或者专门知识对诉讼涉及的专门性问题进行鉴别和判断并提供鉴定意见的活动，在民事诉讼中，特指由法院依当事人申请或依职权委托的鉴定。鉴定意见是司法裁判的重要依据。

民事诉讼中，除法院依职权委托鉴定的情形外，司法鉴定都依当事人的申请进行。当事人需要在举证期限届满前或法院指定期间内申请鉴定，否则视为放弃权利。鉴定机构出具鉴定意见，存在以下情形的，当事人可以申请重新鉴定：（1）鉴定人不具备相应资格的；（2）鉴定程序严重违法的；（3）鉴定意见明显依据不足的；（4）鉴定意见不能作为证据使用的其他情形。如果鉴定意见存在瑕疵，可以通过补正、补充鉴定或者补充质证、重新质证等方法解决的，则不能申请重新鉴定。

7. 什么是行政复议？

行政复议是指公民、法人或其他组织认为行政主体作出的具体行政行为侵犯其合法权益，依法请求行政复议机关对该具体行政行为的合法性、适当性进行全面审查并作出行政复议决定的法律制度。行政复议决定书一经送达，即发生法律效力。对行政复议决定不服的，可以向法院提起行政诉讼，但法律规定行政复议决定为最终裁决的除外。行政复议不收取任何费用。

8. 诉讼分为哪几种？

诉讼是指国家审判机关即人民法院，依照法律规定，在当事人和其他诉讼参与人的参加下，依法解决讼争的活动，民间俗称“打官司”。诉讼一般分为民事诉讼、行政诉讼和刑事诉讼。

民事诉讼是公民之间、法人之间、其他组织之间以及他们相互之间因财产关系和人身关系向人民法院提起的诉讼。民事诉讼实行不告不理原则，一般“谁主张，谁举证”。

行政诉讼是公民、法人或其他组织认为行政机关和行政机关工作人员的行政行为侵犯其合法权益而向人民法院提起的诉讼，民间俗称“民告官”。被告行政机关对是否依法行政负有举证责任。

刑事诉讼是指人民法院、人民检察院和公安机关在当事人及其他诉讼参与人的参加下，依照法律规定的程序，解决被追诉者刑事责任问题的活动。除自诉案件被害人可以直接起诉外，刑事诉讼主要由人民检察院提起公诉，并承担证明被告人有罪的举证责任。

以案学法 38

打民事官司该怎么起诉？

【案情】陈某与傅某系朋友。因资金周转困难，2020 年 5 月 10 日，陈某向傅某借款 25 万元，并约定了利息。后债务到期，陈某不仅未向傅某还本付息，还否认自己向傅某借过钱，始终不愿还款。无奈之下，傅某决定通过诉讼维护自己的权益。

【解析】本案中，傅某要到陈某住所地的基层人民法院起诉，递交起诉状，并按照被告人数提出副本。如果书写起诉状确有困难，还可以口头起诉，由人民法院记入笔录，并告知村（居）委会。起诉状应当记明法定事项，做到格式规范、信息完备、诉讼请求合理、事实与理由表述到位。

矛盾纠纷调处能力

1. 调处矛盾纠纷不得有哪些行为？

调处矛盾纠纷，不得违背法律法规、国家政策，不得违反公序良俗；应当保持中立，平等对待各方，不得偏袒一方；应当尊重他人的人格，不得有侮辱、歧视的言行，不得泄露他人的个人隐私；不得索取、收受财物或者牟取其他不正当利益。

2. 如何稳定矛盾纠纷双方的情绪？

矛盾纠纷双方心中有“结”有“气”，情绪就容易激动。要做好调处，首先必须稳定双方的情绪。只有他们心情平静了，才能解决问题。

（1）创造亲近、祥和、安定的氛围。调解人对矛盾纠纷双方要同样热情，贴近他们，关心他们。在嘘寒问暖中对他们发生的事情表示关切，表明能够帮助他们公平合理解决问题，借此转移双方“对抗”情绪。

（2）建立信任。调解人要树立平等待人和公平、公正处事的形象，使矛盾纠纷双方消除不必要的顾虑。

（3）让矛盾纠纷双方树立通过自我探讨、认识进而可以解决矛盾纠纷的决心。要让他们明白，人与人之间发生矛盾冲突很正常，双方对发生的问题重新认识、探讨和协商处理，是最好的解决问题的办法。

3. 怎样才能更好地居中调处矛盾纠纷？

调解人应始终坚持中立、客观的立场。在具体矛盾纠纷调处中，对双方的是非对错，不可随便批评、评论，更不能作出裁断。在调查询问过程中，如何问话，要周密设计、讲究语气，要启发和要求双方心平气静地叙述事情经过，出现过激言行时，及时纠正制止。

在调处过程中绝不偏颇，帮助和引导矛盾纠纷双方共同找出争议焦点，并针对引发争议的最主要矛盾进行分析和阐释。可以就纠纷双方的具体情况，借助历史传说故事和身边的一些正反事例，引导他们对照自己，坦诚面对问题，并向有道德有风格的人学习相关处事原则，进而处理自己的问题。

本着“解铃还须系铃人”的原则，通过启发、说服、教育、规劝、疏导的方式促使双方自我觉悟、自我认识是非对错，引导他们站在对方的立场思考问题，互相体谅，反复协商，达成和解，真正化解矛盾，平息纠纷。

4. 如何依法信访？

信访工作是党的群众工作的重要组成部分，是党和政府了解民情、集中民智、维护民利、凝聚民心的一项重要工作，是各级机关、单位及其领导干部、工作人员接受群众监督、改进工作作风的重要途径。

公民、法人或者其他组织可以采用信息网络、书信、电话、传真、走访等形式，向各级机关、单位反映情况，提出建议、意见或者投诉请求，有关机关、单位应当依规依法处理。信访应注意以下事项：

（1）信访人一般应当采用书面形式，客观真实地提出信访事项，不得捏造、歪曲事实，不得诬告、陷害他人。

（2）信访人采用走访形式提出信访事项的，应当到有权处理的本级或者上一级机关、单位设立或者指定的接待场所提出；多人走访提出共同的信访事项，应当推选不超过 5 人的代表。走访提出涉及诉讼权利救济的信访事项，应当按照法律法规规定的程序向有关政法部门提出。

（3）信访人在信访过程中应当遵守相关法律、法规，不得损害国家、社会、集体的利益和其他公民的合法权利，自觉维护社会公共秩序和信访秩序，不得有在机关、单位办公场所周围、公共场所非法聚集等行为。信访人滋事扰序、缠访闹访情节严重，构成违反治安管理行为的，或者违反集会游行示威相关法律法规的，由公安机关依法采取必要的现场处置措施、给予治安管理处罚；构成犯罪的，依法追究刑事责任。

本章扫码答题

第七章 | 道德品格教育

1. 中华传统美德的集中体现是什么?

中华传统美德，是指在中华民族历史上存在过的、在今天仍有强大生命力的优秀道德规范、行为等的总和。对于中华优秀传统文化，习近平总书记概括为“讲仁爱、重民本、守诚信、崇正义、尚和合、求大同”六方面内容，这六个方面是中华传统美德的集中体现，也是培养与新时代相适应的公民道德应当继承发扬的传统美德的核心内容。

2. 如何传承中华传统美德?

中华传统美德是中华文化精髓，是道德建设的不竭源泉。要以礼敬自豪的态度对待中华优秀传统文化，充分发掘文化经典、历史遗存、文物古迹承载的丰厚道德资源，弘扬古圣先贤、民族英雄、志士仁人的嘉言懿行，让中华文化基因更好植根于思想意识和道德观念。要深刻领会中华优秀传统文化蕴含的讲仁爱、重民本、守诚信、崇正义、尚和合、求大同等思想理念，深入挖掘自强不息、敬业乐群、扶正扬善、扶危济困、见义勇为、孝老爱亲等传统美德，并结合新的时代条件和实践要求继承创新，充分彰显其时代价值和永恒魅力，使之与现代文化、现实生活相融相通，成为精神生活、道德实践的鲜明标识。

3. 培育和践行社会主义核心价值观有什么重要意义?

培育和践行社会主义核心价值观，是推进中国特色社会主义伟大事业、实现中华民族伟大复兴中国梦的战略任务。党的十八大提出，倡导富强、民主、文明、和谐，倡导自由、平等、公正、法治，倡导爱国、敬业、诚信、友善，积极培育和践行社会主义核心价值观。24 个字的社会主义核心价值观基本内容，为培育和践行社会主义核心价值观提供了基本遵循。

社会主义核心价值观与中国特色社会主义发展要求相契合，与中华优秀传统文化和人类文明优秀成果相承接，凝聚了全党全社会的价值共识。面对世界范围思想文化交流交融交锋形势下价值观较量的新态势，面对改革开放和发展社会主义市场经济条件下思想意识多元多样多变的新特点，积极培育和践行社会主义核心价值观，对于巩固马克思主义在意识形态领域的指导地位、巩固全党全国人民团结奋斗的共同思想基础，对于促进人的全面发展、引领社会全面进步，对于集聚全面建成小康社会、实现中华民族伟大复兴中国梦的强大正能量，具有重要现实意义和深远历史意义。

4. “富强、民主、文明、和谐”的内涵是什么?

“富强、民主、文明、和谐”是社会主义核心价值观国家层面的价值目标。

（1）富强。富强好比国之脊梁，挺起国家的腰杆，护卫民众的福祉。旧中国备受列强欺凌，实现国家富强和人民富裕，成为近代以来中华儿女最强烈、最执着的愿望追求。

（2）民主。中国共产党以马克思列宁主义、毛泽东思想、邓小平理论、“三个代表”重要思想、科学发展观、习近平新时代中国特色社会主义思想作为自己的行动指南。

（3）文明。文明就像国之大厦，凝结民族的追求，铸就国家的强盛。“观乎人文，以化成天下”，正是薪火相传的文明火种，孕育了泱泱中华五千年文明古国。“国家是文明社会的概括”，文明折射国家发展的境界、社会进步的状态。

（4）和谐。和谐好比国之气血，为社会补给能量，给国家增强活力。天人合一、协和万邦、和而不同，和谐蕴含了中国人的生存智慧，体现着中国人的精神基因，也昭示着中国人的社会理想。

5.“自由、平等、公正、法治”的内涵是什么?

“自由、平等、公正、法治”是社会主义核心价值观社会层面的价值取向。

（1）自由。自由是社会活力之源，也是社会主义的价值理想。人的自由全面发展，是社会主义区别于其他社会形态的本质属性。

（2）平等。平等是社会和谐稳定的压舱石，它标注了调整社会关系的基本尺度。“王侯将相，宁有种乎”？在中国这样一个曾经有过几千年封建专制制度的社会，对平等的渴望和呼唤，是人心深处最为激越的力量。

（3）公正。公正是捍卫权利的天平，是衡量社会发展的价值准绳。古往今来，人类追求的幸福生活，只能建立在公平正义的基础之上。社会主义正是在资本主义不公正的废墟上诞生的，公正作为社会主义社会的内在要求，集中体现着社会主义的制度优越性和道义感召力。

（4）法治。法治是社会保障之盾，也是现代政治文明的核心。只有当法治成为治国理政的基本方式，自由、平等、公正才会有安全的避风港。

6.“爱国、敬业、诚信、友善”的内涵是什么?

“爱国、敬业、诚信、友善”是社会主义核心价值观公民个人层面的价值准则。

（1）爱国。爱国是民族精神的核心，它建立起公民与祖国最牢固的情感纽带。“谁不属于自己的祖国，那么他也就不属于人类。”中华民族有着深厚的爱国主义传统。对祖国的忠诚和热爱，是每一个公民的起码道德，也是中华民族最深沉的文化基因。

（2）敬业。敬业是职业道德的灵魂，它为个人安身立命奠定基础，为社会发展进步注入活力。正是依靠敬业奉献，中华民族创造了灿烂的文明。敬业乐业的民族，必定是令人肃然起敬的民族；缺乏敬业精神的社会，难免被人诟病和轻蔑。

（3）诚信。诚信是公民道德的基石，它既是做人做事的道德底线，也是社会运行的基本条件。现代社会不仅是物质丰裕的社会，也应是诚信有序的社会；市场经济不仅是法治经济，也应是信用经济。“人而无信，不知其可也”。失去诚信，个人就会失去立身之本，社会就失去运行之轨。

（4）友善。友善是公民德行的光谱，它为人际关系注入正能量，为社会和谐提供润滑剂。现代社会与传统社会的显著区别，就是人与人的交往突破了血缘地域的限制，构建起一个“陌生人社会”。在这样的社会里，“人人为我、我为人人”的亲善、互助、友爱尤为珍贵。

7. 培育和践行社会主义核心价值观应坚持什么原则？

培育和践行社会主义核心价值观要坚持以下原则：坚持以人为本，尊重群众主体地位，关注人们利益诉求和价值愿望，促进人的全面发展；坚持以理想信念为核心，抓住世界观、人生观、价值观这个总开关，在全社会牢固树立中国特色社会主义共同理想，着力铸牢人们的精神支柱；坚持联系实际，区分层次和对象，加强分类指导，找准与人们思想的共鸣点、与群众利益的交汇点，做到贴近性、对象化、接地气；坚持改进创新，善于运用群众喜闻乐见的方式，搭建群众便于参与的平台，开辟群众乐于参与的渠道，积极推进理念创新、手段创新和基层工作创新，增强工作的吸引力感染力。

8. 公民应当践行哪些基本道德规范？

公民要提升社会公德、职业道德、家庭美德、个人品德：

（1）践行以文明礼貌、助人为乐、爱护公物、保护环境、遵纪守法为主要内容的社会公德，在社会上做一个好公民。

（2）践行以爱岗敬业、诚实守信、办事公道、热情服务、奉献社会为主要内容的职业道德，在工作中做一个好建设者。

（3）践行以尊老爱幼、男女平等、夫妻和睦、勤俭持家、邻里互助为主要内容的家庭美德，在家庭里做一个好成员。

（4）践行以爱国奉献、明礼遵规、勤劳善良、宽厚正直、自强自律为主要内容的个人品德，在日常生活中养成好品行。

9. 为什么要注重家庭家教家风建设？

家庭不只是人们身体的住处，更是人们心灵的归宿。家风好，就能家道兴盛、和顺美满；家风差，难免殃及子孙、贻害社会，正所谓“积善之家，必有余庆；积不善之家，必有余殃”。

“天下之本在国，国之本在家”。家庭家教家风建设既是家事，也是国事，关系个人健康成长、社会和谐稳定和国家繁荣发展。广大家庭都要弘扬优良家风，以千千万万家庭的好家风支撑起全社会的好风气。

10. 家庭教育的根本任务是什么？

家庭教育，是指父母或者其他监护人为促进未成年人全面健康成长，对其实施的道德品质、身体素质、生活技能、文化修养、行为习惯等方面的培育、引导和影响。家庭教育促进法规定，家庭教育以立德树人为根本任务，培育和践行社会主义核心价值观，弘扬中华民族优秀传统文化、革命文化、社会主义先进文化，促进未成年人健康成长。

11. 家庭教育的总体要求是什么？

未成年人的父母或者其他监护人负责实施家庭教育。国家和社会为家庭教育提供指导、支持和服务。国家工作人员应当带头树立良好家风，履行家庭教育责任。根据家庭教育促进法的规定，家庭教育应当符合以下要求：

（1）尊重未成年人身心发展规律和个体差异；

（2）尊重未成年人人格尊严，保护未成年人隐私权和个人信息，保障未成年人合法权益；

（3）遵循家庭教育特点，贯彻科学的家庭教育理念和方法；

（4）家庭教育、学校教育、社会教育紧密结合、协调一致；

（5）结合实际情况采取灵活多样的措施。

12. 如何用良好家教家风涵育道德品行？

家庭是社会的基本细胞，是道德养成的起点。要弘扬中华民族传统家庭美德，倡导现代家庭文明观念，推动形成爱国爱家、相亲相爱、向上向善、共建共享的社会主义家庭文明新风尚，让美德在家庭中生根、在亲情中升华。

广大家庭要重言传、重身教，教知识、育品德，以身作则、耳濡目染，用正确道德观念塑造孩子美好心灵；自觉传承中华孝道，感念父母养育之恩、感念长辈关爱之情，养成孝敬父母、尊敬长辈的良好品质；倡导忠诚、责任、亲情、学习、公益的理念，让家庭成员相互影响、共同提高，在为家庭谋幸福、为他人送温暖、为社会作贡献过程中提高精神境界、培育文明风尚。

本章扫码答题

· 附录

法律文书模板参考

非诉文书	公证申请书	仲裁申请书
	减收免收公证费申请书	仲裁答辩书
	法律援助申请表	仲裁反诉书
	法律援助申请委托书	行政复议申请书
	人民调解申请书	停止执行具体行政行为申请书

诉讼文书	民事起诉状	撤诉申请书
	民事答辩状	管辖异议申请书
	民事上诉状	回避申请书
	民事反诉状	鉴定申请书
	民事再审申请书	证据保全申请书
	行政起诉状	财产保全申请书
	行政上诉状	财产保全担保书
	行政再审申请书	先予执行申请书
	取保候审申请书	支付令申请书
	刑事上诉状	公示催告申请书
	刑事申诉状	申请执行书
	刑事自诉状	延期执行申请书
	刑事附带民事自诉状	宣告失踪申请书
	刑事答辩状	宣告死亡申请书

扫码看文书

图书在版编目（CIP）数据

"法律明白人"培训教材 ：融媒体版 / 中国社会科学院法学研究所法治宣传教育与公法研究中心组织编写. -- 北京 ：中国民主法制出版社，2022.10

全国"八五"普法融媒体培训教材系列

ISBN 978-7-5162-2930-9

Ⅰ. ①法… Ⅱ. ①中… Ⅲ. ①法律—中国—教材 Ⅳ. ①D920.4

中国版本图书馆CIP数据核字(2022)第176314号

图书出品人：刘海涛
出 版 统 筹：陈百顺
责 任 编 辑：张佳立
执 行 编 辑：龚　燕

书　　名 / "法律明白人"培训教材（融媒体版）
作　　者 / 中国社会科学院法学研究所法治宣传教育与公法研究中心　组织编写

出版·发行 / 中国民主法制出版社
地址 / 北京市丰台区右安门外玉林里7号（100069）
电话 / （010）62155988　（010）62167260
传真 / （010）62167260
http：// www.npcpub.com
E-mail：mzfz@npcpub.com
经销 / 新华书店
开本 / 16开　710毫米×1000毫米
印张 / 11.25　**字数** / 160千字
版本 / 2022年10月第1版　2022年10月第1次印刷
印刷 / 廊坊市国彩印刷有限公司

书号 / ISBN 978-7-5162-2930-9
定价 / 38.00元